Anselm Grün · Andreas Felger

Engel – Bilder göttlicher Nähe

Anselm Grün · Andreas Felger

Engel

Bilder göttlicher Nähe

Aquarelle und Meditationen

HERDER | Präsenz

Für Katja und Jean-Martin

Für Petra und Martin

Neuausgabe 2006

www.herder.de

www.praesenz-verlag.de

Umschlagmotiv und alle Abbildungen im Innenteil:
Aquarelle von Andreas Felger

Den Zitaten aus der Bibel ist als Übersetzung zugrunde gelegt:
Die Bibel. Deutsche Ausgabe mit den Erläuterungen der Jerusalemer Bibel
hg. von Diego Arenhoevel, Alfons Deissler, Anton Vögtle

Grafik und Gestaltung: Sabine Golde, Leipzig

Einbandgestaltung und Herstellung: Stefan Wiesner, Gnadenthal

Gedruckt auf umweltfreundlichem,
chlor- und säurefrei gebleichtem Papier
Druck und Bindung: freiburger graphische betriebe
www.fgb.de

Printed in Germany

ISBN-13: 978-3-451-29226-2 (Herder)
ISBN-10: 3-451-29226-2 (Herder)

ISBN-13: 978-3-87630-542-4 (Präsenz)
ISBN-10: 3-87630-542-X (Präsenz)

Bilder göttlicher Nähe

Engel sind Boten Gottes. Die Bibel ist voll von Engelgeschichten. Immer wieder sendet Gott seinen Engel in die Not des Menschen, um ihm seine heilende Nähe zu zeigen. Wenn die Bibel von Engeln spricht, dann geht es immer um Hilfe, um Beistand, um Herausforderung und um eine Botschaft, die Gott uns zukommen lässt. Die Theologie sagt uns, dass Engel geschaffene geistige Wesen und personale Mächte sind. Geschaffene Wesen kann man erfahren. Gott ist oft jenseits unserer Erfahrung. In den Engeln tritt er ein in unsere Welt, damit wir seine Nähe greifbar erleben können. In den Engeln kommt das Wort Gottes an unser Ohr. Da wird es hörbar. In den Engeln spricht Gott zu uns als Person. Erst als von Gott Angesprochene werden wir wahrhaft zur Person, zu einem Gegenüber Gottes.

Engel schützen unser Personsein. Sie bewahren uns vor destruktiven Mächten, die unser Inneres zerreißen und unseren personalen Kern auflösen möchten. Gott schickt seinen Engel zu uns, dass wir unsere Würde erkennen. Gott würdigt uns seiner Boten. In seinen Boten zeigt er uns, dass er uns nahe ist.

Die Bibel kann über Gottes heilende und liebende Nähe nicht anders sprechen, als dass sie uns von Engeln erzählt, die in unser Leben eintreten. Und es sind alltägliche Situationen, in die Gott seine Engel schickt: in die Not der Angst, des Alleingelassenseins, der Aussichtslosigkeit, der Überforderung, der Depression. Der Engel richtet uns auf. Er bringt Licht in unsere Dunkelheit, Hoffnung in die Hoffnungslosigkeit, Vertrauen in die Angst. Der Engel verwandelt unser Leben. Er bringt die Wirklichkeit Gottes in unsere gottlose Welt. Er öffnet unser Ohr, damit wir Gottes Wort vernehmen. Er nimmt die Hülle von unseren Augen, damit wir Gottes Wirklichkeit in unserem Leben erkennen. Er greift ein, wenn wir hilflos sind und nicht mehr ein noch aus wissen.

Die Kunst stellt die Engel oft mit Flügeln dar. Damit drückt sie aus, dass Engel in unser Leben gleichsam einfliegen und dass wir sie nicht festhalten können. Engel treten ein in unser Leben. Doch sobald wir uns an sie festklammern möchten, fliegen sie wieder weg. Engel lassen nicht über sich verfügen.

Sie haben etwas von der Unverfügbarkeit Gottes an sich. In der Esoterik möchte man genau wissen, was Engel sind. Doch schon der heilige *Augustinus* warnt uns, uns zu viel Gedanken über das Wesen der Engel zu machen. Engel – so meint *Augustinus* – sind Boten Gottes. Wir sollen sie mehr von ihrer Aufgabe als von ihrem Wesen her verstehen. Sobald wir zu genau wissen wollen, was Engel sind, entschwinden sie uns. Über Engel kann man nur schwebend sprechen.

Andreas Felger hat viele Engel gemalt. Wir haben nur einige seiner vielen Engelbilder ausgesucht. Auch er stellt die Engel mit Flügeln dar. Doch charakteristisch für seine Engelbilder ist der Spalt, den der Engel schafft. Wenn Engel in unser Leben eintreten, dann entsteht ein Spalt in uns, durch den das Göttliche in uns einfällt. Dann wird unsere Welt aufgebrochen für Gott. Dann können wir nicht einfach zur Tagesordnung übergehen. Wir können unser Leben nicht mehr verstehen, ohne nach Gott zu fragen. Die Oberfläche unseres Lebens wird aufgerissen. Wir müssen tiefer schauen.

Im Spalt steht der Engel. Dort, wo das Göttliche in uns einbricht, bringt der Engel Licht in unser Leben. Mich erinnern die vielen Engel im Spalt an die Auferstehungsengel der Bibel. Das Grab als Ort der Dunkelheit und der Dämonen ist vom Licht der Engel erfüllt. Das Grab Jesu ist zu einem Ort der Auferstehung geworden, zu einem Ort des Aufbruchs. Da wird diese Welt aufgebrochen für Gott. Was verschlossen war, das hat Gott für uns geöffnet, damit wir gerade dort, wo das Tödliche und Bedrohliche unseres Lebens ist, das Licht der göttlichen Liebe schauen.

Andreas Felger und ich haben 24 Engel ausgesucht. Das letzte Buch der Bibel, das Buch der Offenbarung, spricht von 24 Thronen, auf denen 24 Älteste sitzen: „die waren in weiße Gewänder gehüllt und hatten auf ihren Häuptern goldene Kränze“ (Offenbarung 4,4). Sie werfen sich vor Gott nieder und beten ihn an.
Das Buch der Offenbarung lässt offen, wer diese 24 Ältesten sind, ob es Fromme des Alten und Neuen Bundes sind, etwa die zwölf Söhne Israels und die zwölf Apostel, oder ob es Engel sind. Da sie vor Gott niederfallen und ihm ein Preislied singen, hat die christliche Tradition sie immer als Engel verstanden.
Die Zahl Vierundzwanzig eignet sich dazu, symbolisch das Ganze zu bezeichnen, das Ganze der Bibel, Altes und Neues Testament, Kirche und Synagoge.
Die Babylonier verehrten 24 Gestirne als Götter. Das griechische Alphabet umfasste 24 Buchstaben. Vierundzwanzig drückt daher die Weisheit aus, die durch die Sprache zum Ausdruck kommt. In den 24 Engeln dieses Buches
soll uns **Gottes Weisheit** aufleuchten,
seine göttliche Nähe, seine Botschaft an uns, die das, was in uns zerrissen ist, ganz macht, die unsere Wunden heilt und Licht in unsere Finsternis bringt.

Die Engelbilder von Andreas Felger haben mich angeregt, in der Bibel nach Worten von und über Engel zu suchen. Die Worte deuten die Bilder. Und die Bilder geben den Worten Ausdruck. In den Bildern werden Gottes Worte sichtbar. Indem ich die Bilder anschaue, lasse ich mich von Gottes Wort ansprechen.

Die Engel selber sind **Bilder göttlicher Nähe.** In ihnen wird der unbegreifliche und unsichtbare Gott für uns erfahrbar, hörbar und sichtbar. Gott, der im unzugänglichen Licht wohnt, entzieht sich jeder Darstellung im Bild. Das Bilderverbot, das für das Alte Testament charakteristisch ist, hat auch die frühe Kirche übernommen. Aber im Bilderstreit des 7. Jahrhunderts setzte sich die theologische Meinung durch, dass wir Gott in den Bildern der Engel und Heiligen und vor allem in Christus, dem wahren Ebenbild Gottes, darstellen dürfen. Die Engel sind Bilder göttlicher Nähe.
In ihnen leuchtet uns Gottes heilsame und liebende Nähe auf.
Wo Gott uns im Bild der Engel nahe kommt, da tritt die oft genug bedrohliche und ängstigende Nähe uns feindlich gesinnter Menschen zurück. Gottes Nähe ist immer eine heilende Nähe. Sie tut uns gut. Sie ermöglicht es uns, dass wir uns selber nahe kommen. Und Gottes Nähe ist eine schützende Nähe. Sie bewahrt uns vor den Gefahren, die uns von allen Seiten bedrängen. Und sie gibt uns mitten in der Fremde dieser Welt Heimat. So wünsche ich den Lesern und Leserinnen, den Betrachtern und Betrachterinnen, dass die Bilder und Worte ihnen die Augen öffnen für die Erfahrung der göttlichen Nähe, die uns immer und überall umgibt, auch mitten in einer Welt, die von Gott nichts zu wissen scheint.

Inhalt

I. Engel

Der Engel der Zweisamkeit

Genesis / 1 Mose 24,7

Ein Engel in roter Gestalt taucht ein in eine blaue Welt. Blau erzeugt – so sagen uns psychologische Tests – im Menschen das Gefühl des Träumerischen und Leichten, des Geheimnisvollen und Sehnsüchtigen. Von jeher galten die Engel als Traumboten.

Sie treten in unsere Träume ein und verkünden uns, wie es um uns steht.

Es braucht in uns die Offenheit für die Traumwelt, damit wir die Engel wahrnehmen, die in unsere Welt einbrechen. Blau kann aber auch melancholische Gefühle und eine gedrückte Stimmung im Menschen hervorrufen. Wenn der Engel kommt, dann entsteht ein Spalt. Dieser Spalt ist auf dem Bild von Andreas Felger gelb. Er ist voll von Gottes Licht, von Gottes Geist. Das Göttliche ist wie Licht, das unser Leben erhellt und die deprimierende Stimmung aufhebt. Der Engel Gottes gibt unserer menschlichen Existenz einen neuen Glanz.

Der Engel selbst ist rötlich dargestellt. Die rötliche Farbe deutet die Liebe an, die der Engel in unser Leben bringt. Der Engel erinnert mich an die Geschichte der Brautwerbung Isaaks. Als Abraham schon alt und hochbetagt war, schickte er seinen Großknecht in seine frühere Heimat, damit er für seinen Sohn Isaak eine Frau hole.

Der Knecht hat Bedenken, ob die Frau ihm folgen werde. Und er fragt seinen Herrn, ob er dann seinen Sohn in das Land zurückbringen solle, aus dem er ausgewandert sei. Doch Abraham möchte das auf keinen Fall. Er antwortet dem Knecht: „Der HERR, der Gott des Himmels, der mich aus dem Lande meines Vaters und aus dem Lande meiner Verwandtschaft hinweggeführt, der zu mir geredet und mir eidlich versprochen hat: ‚Ich will dieses Land deiner Nachkommenschaft geben', er wird seinen Engel vor dir hersenden, dass du eine Frau für meinen Sohn dort holen kannst" (Genesis/1 Mose 24,7). Der Engel hilft dem Knecht bei der Brautwerbung.

Damit die Beziehung zwischen Mann und Frau gelingt, braucht es den Engel,

der die Liebe einführt in die Blässe oberflächlicher Gefühle, wie sie in dem hellen Blau dargestellt sind. Und Liebe hat immer mit Auszug zu tun. Abraham verbietet seinem Knecht, seinen Sohn in die Heimat zurückzuführen. Er soll weiterhin in der Fremde leben. Doch er soll sich nicht an die Fremde anpassen und in ihren Gewohnheiten aufgehen. So soll die Frau, die er heiratet, aus der Heimat stammen.

Sie soll die Heimat mit in die Fremde bringen. Damit diese Verbindung von Mann und Frau, von Heimat und Fremde, von Vergangenheit und Zukunft gelingt, braucht es den Engel.

Gott selber sendet seinen Engel vor dem Knecht her, damit er auf die Frau trifft, die bereit ist, ihre Heimat zu verlassen und mit Isaak ihr Leben zu teilen. Gott sendet seinen Engel vor uns her, damit unser Leben gelingt, damit die Liebe einbricht in unseren Alltag. Er sendet seinen Engel vor uns her, damit wir auf die Frau, den Mann treffen, die Farbe bringen in unser Leben, Liebe in unsere Starre und Wärme in unsere Kälte.

Die Flügel des Engels hat Andreas Felger dreieckig und viereckig gemalt. Das Dreieck ist Bild für den Mann, das Viereck für die Frau. Der Engel steht zwischen dem Dreieck und dem Viereck. Er ist die Verbindung zwischen Mann und Frau. Er hält Mann und Frau im Gleichgewicht, damit nicht einer den andern bestimmt oder beherrscht. Ohne den Engel der Zweisamkeit würde das Dreieck sich in das Viereck bohren. Es entstünde ein Kampf. Der Engel hält die beiden unterschiedlichen Formen zusammen. Dreieck und Viereck werden zu seinen Flügeln, mit denen er einfliegen kann in unsere Welt.

Wenn der Engel
Mann und Frau
zusammenführt,
fließt **Gottes Liebe**
in sie ein

und verwandelt ihr Leben. Die Liebe zwischen Mann und Frau – im rötlichen Engel dargestellt – ist oben und unten vom hellen Gelb umgeben. Dort, wo Mann und Frau sich lieben, umgibt sie Gottes Liebe. In der menschlichen Liebe wird immer auch die unendliche Liebe Gottes berührt. Und Gottes Liebe schützt von oben und von unten die menschliche Liebe, damit sie nie aufhört.

II. Engel

Der Engel des Gebets

Richter 6,11.12.16

Der Engel in Gelb setzt sich auf einen Schemel. Dort, wo er eindringt, entsteht ein weißer Spalt. Die blaue Wirklichkeit unseres Lebens wird gespalten. Gott selbst dringt im Engel in unsere Welt ein. Hier erinnert das Blau an die Wellen des Meeres, die über uns zusammenschlagen und uns verschlingen möchten. Dort, wo ein Engel in unser Leben tritt, werden die Wellen angehalten. Er schafft einen heilsamen Spalt in den Wogen unseres Lebens, einen Spalt der Ruhe. Der Engel sitzt auf einem Schemel – ein Bild für die Ruhe der Meditation.
Seit je galt der Engel als ein Bild für die Kontemplation.

Er, der Tag und Nacht Gott schaut, verheißt uns, dass auch wir im Gebet Gott schauen werden. Er symbolisiert unsere Seele, die unmittelbar in Berührung ist mit Gott. Ein Teil in uns, der oft genug verdeckt ist vom Trubel unseres lauten Alltags, ist wie ein Engel, der Gott schaut. Wenn wir gemeinsam mit dem Engel beten, dann wird das Meer um uns herum gespalten. Dann entsteht ein Freiraum, in dem wir aufatmen dürfen.
Der Engel ist in Gelb gehalten, der Farbe des Göttlichen. Im Gebet – so sagt *Evagrius Ponticus* als Vertreter für das frühe Mönchtum – haben wir teil an Gott. Da dürfen wir eins werden mit Gott. Da werden wir erhoben in Gott hinein. Wir können Gott im Gebet nicht zu uns herabzwingen. Doch während wir beten, setzt sich ein Engel neben uns und öffnet unser Herz für das Licht Gottes. Die frühen Mönche sehnten sich danach, durch das reine Gebet zur wunderbaren Erfahrung des inneren Lichtes geführt zu werden. Im Gebet beginnt die Seele des Beters zu leuchten. Von diesem geheimnisvollen Zustand des inneren Lichtes schreibt *Evagrius*. Im Gebet – so sagt er – wird der

Mönch erkennen, „wie sein Zustand einem Saphir gleicht, der klar und hell wie der Himmel leuchtet“.

Der Engel des Gebets sitzt auf einem Schemel. Das Bild von Andreas Felger erinnert mich an die Erscheinung des Engels vor Gideon. „Es kam der Engel des Herrn und setzte sich unter die Terebinthe von Ophra, die Joasch von Abieser gehörte“ (Richter 6,11). Gideon ist gerade dabei, Weizen zu dreschen, um ihn vor den Feinden in Sicherheit zu bringen. Der Engel setzt sich zu ihm und beobachtet ihn. Und er spricht ihn an mit dem Wort: „Der Herr mit dir, starker Held“ (Richter 6,12). Gideon zweifelt daran, dass Gott wirklich mit ihm und mit dem Volk ist. Denn sonst hätten die Feinde nicht so viel Macht über Israel! Der Engel fordert Gideon auf, in der Kraft Gottes sein Volk zu befreien. Und auf die Bedenken des jungen Mannes, seine Sippe sei doch die schwächste im Stamm Manasse, antwortet er ihm: „Ich werde mit dir sein, und du wirst Midian schlagen, als ob es nur ein einziger Mann wäre“ (Richter 6,16).

Der Engel erinnert uns an unsere wahre Stärke.

Nicht weil wir besonders fähig oder stark sind, werden wir die inneren Feinde besiegen, die uns bedrängen: unsere Ängste, Hemmungen, Unsicherheiten, unsere kranken Lebensmuster, die Beeinträchtigungen unserer Person. Im Gebet erfahren wir die heilende und helfende Nähe Gottes. Und wenn Gott bei uns und mit uns ist, dann wird unser Leben gelingen, dann werden wir nicht mehr von den inneren und äußeren Feinden bestimmt, dann sitzt ein Engel neben uns und hält die Feinde davon ab, auf uns und in uns einzudringen. Wir sitzen im Gebet mit dem Engel wie in einem heilenden Spalt.

III. Engel

Der Engel des Segens

Genesis / 1 Mose 48,15–16

Rot ist die Farbe der Liebe. Der rote Engel ruht in sich und streckt seine Hände zum Segen aus. Sein Flügel – in warmes Rot getaucht – wendet sich dem Beschauer zu. Der Engel verkörpert Gottes Liebe und lässt sie zu uns strömen. Die Flügel, mit denen die Kunst die Engel umgibt, gleichen manchmal Energiezentren. Sie drücken die Ausstrahlung aus, die von einem Engel ausgeht. Von diesem segnenden roten Engel geht Liebe aus. Es ist nicht nur ein Spalt der Liebe, der in unseren Alltag getrieben wird. Vielmehr wird das ganze Leben mit Liebe erfüllt. Der Engel hat seine Hände zu Gott erhoben. Die Liebe, die von ihm ausgeht, hat ihren Ursprung in Gott.

Der **Engel segnet** uns, indem er uns Gottes Liebe zuspricht und sie zu uns strömen lässt.

Rot ist in der Symbolik die Farbe der Aphrodite, der griechischen Liebesgöttin. *Chevalier* nennt das die weibliche Symbolik des Rots. Aber – so meint er – es gibt auch die männliche Symbolik der roten Farbe. Dann erinnert Rot an das vergossene Blut, an das Opfer des Todes. Im Rot des Engels klingt der weibliche und männliche Aspekt auf. Es ist die mütterliche und zugleich erotische Liebe Gottes, die durch den Engel auf uns einströmt. Und es ist die Liebe Jesu Christi, von dem der erste Petrusbrief sagt, dass wir durch sein kostbares Blut losgekauft wurden von unserem „verkehrten, von den Ahnen überkommenen Wandel" (1. Petrusbrief 1,18f). Für die Bibel ist das Blut

Bild einer Liebe,

die bis zum Tod liebt und die den Tod noch verwandelt. Die Liebe vollendet sich im Tod. Weil Christus seine Liebe bis in den Tod durchhielt, konnte er uns befreien aus den kranken Lebensmustern, in denen wir gefangen waren, aus den Strukturmustern, die uns die Eltern und Vorfahren eingeprägt haben.

Eine Liebe, die den Tod nicht scheut,

löst das Gefangensein in den Mustern der Vergangenheit auf und befreit uns zu einem Dasein, das von der Liebe geprägt ist.
Solche verwandelte und erlöste Existenz wird in dem Engel sichtbar, der das Rot der göttlichen Liebe zu uns aussendet, damit es unser Leben durchdringt.

Kurz vor seinem Tod segnet Israel die beiden Söhne Josefs, Efraim und Manasse, mit den Worten: „Der Gott, vor dessen Angesicht meine Väter Abraham und Isaak gewandelt sind, der Gott, der mein Hirte war, seit ich bin bis zum heutigen Tag, der Engel, der mich erlöst hat aus aller Not, er segne diese Knaben“ (Genesis/1 Mose 48,15–16). Die Bibel sieht Gott und den Engel zusammen. Der Engel steht für den erlösenden und befreienden Gott. Er ist der Bote, den Gott sendet, um die Menschen zu erlösen, und damit Vorausbild für Jesus Christus, den Boten Gottes, in dem Gott uns erlöst aus aller Not, der uns befreit von allem, was uns gefangen hält, von der Schuld, von inneren Zwängen, von der Entfremdung, von der Angst, von der Verzweiflung und Hoffnungslosigkeit.

Der rote Engel bringt die göttliche Liebe in unser Leben. Darin besteht die Erlösung: dass wir,

die wir abgeschnitten sind von der **Quelle** der Liebe,

entfremdet von uns selbst, vertrocknet und zerrissen,

von **Gottes Liebe** erfüllt werden. Dann wird das, was in uns gespalten ist, versöhnt, das Zerbrochene heil, das Dunkle hell und das Kalte warm. Dann leuchtet unser Leben auf. Es ist getaucht in die göttliche Liebe und es wird selbst zu einer Quelle der Liebe für andere. Der Engel segnet uns, damit auch wir füreinander zum Segen werden. Er erfüllt uns mit Gottes Liebe, damit sie durch uns auch zu den Menschen strömt.

IV. Engel

Weiser Engel

2 Samuel 14,17.20

Der Engel schafft einen hellen Spalt in das dunkle Violett. Es ist eine bedrohliche Farbe, die den Engel umgibt. Der Engel schaut in das tiefe Dunkel auf der rechten Seite, als wolle er die Finsternis mit seinem Licht durchdringen. Auf der linken Seite hat sich das Dunkle aufgehellt. Dort, wo der Flügel des Engels hindringt, hat sich das Violett in Rot verwandelt. Die Liebe, die vom Engel ausgeht, durchdringt das Dunkel des Menschen. Und auf dem linken Rand ist ein Bereich des Menschen in Gelb getaucht. Auf diesem Bild bewirkt der Engel einen zweifachen Spalt. Er spaltet das Bedrohliche, damit es an Macht verliert, und er schafft einen Spalt, in dem der Mensch wohnen kann. Es ist ein lichter Spalt, erfüllt vom Gelb Gottes, aber auch von dunklen Streifen, die auf den grauen Alltag des Menschen verweisen.

Dort, wo ein Engel in unser Leben eintritt, entsteht ein lichter Raum, in dem wir mitten im Dunkel dieser Welt zu Hause sein dürfen. Wir erleben in der Nähe des Engels Heimat in der Fremde, weil Gott, das Geheimnis, unter uns wohnt.

Eine weise Frau ging zu David, um für Joab einzutreten, der Davids Sohn Abschalom zurück nach Jerusalem bringen wollte. Die Frau vergleicht den König mit einem Engel. „Ist doch mein Herr, der König, wie der Engel Gottes, indem er Gutes wie Böses weiß“ (2 Samuel 14,17). Und am Ende ihrer Rede bringt sie nochmals einen ähnlichen Vergleich: „Mein Herr ist weise, so weise wie ein Engel Gottes, sodass er von allem Kenntnis hat, was es auf Erden gibt" (2 Samuel 14,20). Der Engel auf dem Bild von Andreas Felger weiß Gutes und Böses. Er hat Kenntnis vom Dunklen und Hellen, von den Licht- und den Schattenseiten des Menschen. Er verbindet die beiden Seiten im Menschen, das Dunkle und Helle, die Liebe und den Hass, das Gute und das Böse. Er verhindert die Spaltung des Menschen. Er hält zusammen, was sonst auseinander brechen würde. Und er ist weise. Weise kommt von wissen, von schauen (lateinisch *vidi:* ich habe gesehen). Der Engel schaut in das Dunkle. Er durchdringt das Dunkle mit seinem Blick. Er verschließt seine Augen nicht vor den unangenehmen Seiten des Lebens. Indem er auf alles sieht, was ist, wird er weise. Weise wird der Mensch, der bereit ist, alles anzuschauen, was ist, in alles hineinzublicken, was sich ihm darbietet, ohne sich davon bestimmen zu lassen. Weise heißt auch: nicht beurteilen und bewerten, sondern mit dem Blick der Liebe in alles schauen, was ist. Dieser Blick der Liebe verwandelt das Dunkle. Er bringt das Rot der Liebe hinein. Das bedrohliche Dunkel am rechten Bildrand wandelt sich in der linken Hälfte in Violett, die Farbe der Verschmelzung von Licht und Dunkel, Männlichem und Weiblichem, Liebe und Aggression, Gut und Böse. Der Blick auf den Engel, der die verschiedenen Bereiche unseres Lebens zusammenhält, will uns zur Weisheit führen, damit auch wir werden wie der König David. Wie David sollen wir füreinander zum Engel Gottes werden, der Gutes und Böses anhört, ohne zu urteilen und zu bewerten. Und wir sollen teilhaben an der Weisheit des Engels, dem nichts Menschliches fremd ist und der doch in allem Gottes heilende Nähe sieht.

V. Engel

Mit dem Engel kämpfen

Genesis / 1 Mose 32,2–3

Ein blauer Engel steht in einem Spalt zwischen tiefem Blau und hellem Braun, von goldenem Gelb durchdrungen. Er hält seine großen Flügel in beide Bereiche. Der eine Flügel hellt das dunkle Blau auf, der andere Flügel bringt die blaue Farbe in den braunen Bereich. Dunkles Blau ist für den Maler *Kandinsky* eine „Vertiefungsfarbe". In diesem Blau wird der Mensch in seine eigene Tiefe geführt. Er sehnt sich nach dem Unendlichen, nach dem Wunderbaren. Der Engel erfüllt seine Sehnsucht nach dem Geheimnis. Der Mensch steht zwischen seiner Sehnsucht nach dem Himmel und seiner Verwurzelung in der Erde. Doch die Erde, auf der er steht, ist schon Gottes Schöpfung, von Gottes Liebe erfüllt.

Je tiefer sich der Mensch in der Erde verwurzelt, desto näher kommt er Gott.

Er findet Gott auf der Erde wie im Himmel. In beiden Bereichen begegnet er seiner Sehnsucht nach dem ganz anderen Gott, der Himmel und Erde transzendiert. Andreas Felger hat das ausgedrückt in den blauen Punkten, die er in das Braun gemalt hat.

Mich erinnert der blaue Engel vor der braunen Fläche an die Begegnung zwischen Jakob und Esau. Als Jakob auf dem Weg zu Esau ist, „begegneten ihm Engel Gottes. Als Jakob sie sah, sprach er: Das ist Gottes Heerlager" (Genesis/1 Mose 32,2–3). Jakob ist der Mensch, der einseitig von seinem Verstand her lebt. Mit seiner Schlauheit hat er seinen dunklen Bruder Esau ausgetrickst. Er hat ihm das Erstgeburtsrecht abgekauft und den Segen des Vaters erschlichen. Doch jetzt hilft ihm seine Schlauheit nicht weiter. Die Engel verweisen ihn darauf,

dass es nun zum Kampf kommt. Jakob kann seinem Schatten, für den der erdhafte Esau steht, nicht mehr ausweichen. Er muss sich stellen. Der Engel, der in der Mitte zwischen dem Blau des Jakob und dem Braun des Esau steht, verbindet beide Hälften. Er bringt Bewegung in die Seele des Jakob, aber er versöhnt auch Esau mit seinem Bruder.
Zwei große Flügel hält der Engel vor sich her. Während der evangelische Alttestamentler *Claus Westermann* meinte: „Gottes Engel brauchen keine Flügel", hält Andreas Felger an den Flügeln der Engel fest. Die Flügel drücken aus, dass die Engel vom Himmel herabkommen und dass sie eine Leichtigkeit haben wie Vögel. Die Flügel der Engel – so meint *Hildegard von Bingen* – verweisen auf die Herzenssehnsucht der Menschen, die sich zu Gott emporschwingen möchten. Der Engel auf dem Bild schaut voller Sehnsucht nach oben. Er schaut aus nach Gott – so wie Jakob vor seiner Begegnung mit dem Bruder zum Gott seiner Väter betet. Er hat Angst, sein Bruder könne ihn erschlagen.
Und Jakob muss mit dem Engel Gottes ringen, bis er fähig wird, das Dunkle in sich zu integrieren und so seinem Bruder Esau zu begegnen. Der Engel führt Jakob und seinen Bruder zusammen. Er stellt sich zwischen sie, damit sie sich nicht bekämpfen, sondern einander ergänzen. Beide Brüder glauben an Gott, beide sehnen sich nach Gott, der allein das Leben gelingen lässt. Solange sich die Brüder bekämpfen, wird Hass sie bestimmen und sie am wahren Leben hindern. Sobald sie sich in Gott versöhnen, wird ihr Leben jeweils auf eine andere Weise von Gott gesegnet.

VI. Engel

Michael, der Gottesheld

Epheserbrief 6,12

Der Engel wird von einem dunklen Bereich fast verschlungen. Es ist ein Blau, das ins Schwarz reicht. Dieses dunkle Blau drückt „Furcht, Verlorenheit, Trauer“ *(Jacobi)* aus. Der Engel schafft einen Spalt zwischen dem dunklen Blau und einem Bereich, der von Braun und Blau geprägt ist. Der große Flügel des Engels bringt das Blau des Himmels in den erdhaften Bereich.

Er verbindet Himmel und Erde miteinander.

Aber den dunklen Bereich vermag der Engel nicht zu durchdringen und zu verwandeln. Es gibt offensichtlich etwas Dunkles, das wir nicht integrieren oder verwandeln können. Davor muss uns der Engel bewahren.

In Psalm 35 betet einer, der sich von feindlichen Menschen bedrängt sieht: „Schmachvoll sollen verderben, die trachten nach meinem Leben … Sie sollen sein wie Spreu vor dem Wind, es treibe sie fort der Engel des HERRN“ (Psalm 35,4–5). Es gibt Gefahren, in die wir uns nicht begeben sollen. Vor ihnen soll der Engel uns bewahren.
Der Engel steht uns bei in unserem Kampf gegen das Dunkle und Böse. Er vermag nicht alles Dunkle in uns zu integrieren. Es braucht manchmal einen Spalt zwischen dem, was uns bedrängt, und uns selbst. Es gibt Dunkles, das nach uns greift, um uns zu verschlingen.

Im Bild von Andreas Felger stemmt sich der Engel mit aller Gewalt

gegen das Dunkle,

damit es nicht in unseren Bereich eindringt.

Engel sind nicht immer nur nette fliegende Kinderfiguren.

Der Engel kämpft für uns. In der Tradition ist es

Michael, der für uns eintritt. Er wird oft mit einer Rüstung dargestellt und mit einer Lanze, die er gegen die Feinde schleudert. Dahinter steht die Erfahrung, dass unser Leben auch Kampf ist. Der Epheserbrief ruft uns auf, die Rüstung Gottes anzuziehen und gegen die Mächte der Finsternis zu kämpfen. „Denn unser Kampf geht nicht gegen Blut und Fleisch, sondern gegen die Mächte, gegen die Gewalten, gegen die Weltbeherrscher dieser Finsternis, gegen die bösen Geister in den Himmelshöhen“ (Epheserbrief 6,12). Der Engel steht uns in unserem Kampf gegen die bösen Geister bei. Es ist eine Auseinandersetzung auf Leben und Tod. Da brauchen wir den Beistand des Engels. Alleine würden wir untergehen, sobald das Dunkle uns angreift. Aber der Engel schafft eine Kluft zwischen dem Dunklen und uns und unserer Seele.

VII. Engel

Der Engel des göttlichen Namens

Exodus/2 Mose 23,20

Nachdem Gott Mose und dem Volk Israel seine Gebote geoffenbart hatte, ermahnt er es mit den Worten: „Siehe, ich sende einen Engel vor dir her, damit er dich auf deinen Wegen behüte und dich an den Ort führe, den ich bestimmt habe. Habe Acht auf ihn und gehorche seinen Weisungen; sei nicht widerspenstig gegen ihn! Denn er würde eure Übertretungen nicht verzeihen, weil mein Name in ihm ist" (Exodus/2 Mose 23,20f). Das Volk zieht nicht allein durch die Wüste. Ein Engel geht ihm voraus. Und der Engel schützt das Volk vor seinen Feinden.

Er schafft einen Raum um uns, in dem uns niemand zu schaden vermag.

Der Engel des Herrn führt das Volk sicher ans Ziel, in das Gelobte Land der Freiheit. Es ist der Engel, in dem Gottes Name ist, in dem Gott selbst unter uns gegenwärtig ist als ein Gott, den wir mit seinem Namen ansprechen können und der uns beim Namen nennt.

Der Engel zieht vor uns her. Auf dem Bild von Andreas Felger durchdringt er die Welt unseres Alltags mit den verschiedenen Schattierungen des Brauns. Dort, wo der Engel ist, entsteht ein Kreis. In diesem Kreis sind wir geschützt, da ist es blau und weiß: Das Blau des Himmels umgibt uns und das Lautere und Klare der weißen Farbe. Dort, wo der Engel vor uns herzieht und wir auf ihn hören, dort entsteht so ein Schutzraum um uns selbst. Dort kann uns niemand verletzen.

Dort dringen die Feinde unserer Seele nicht ein. Dort haben die Selbstverurteilungen und Selbstverletzungen keinen Zutritt. Auch die Feinde, die von außen auf uns eindringen möchten, Verleumdungen, Kränkungen und Entwertungen, prallen am Schutzkreis des Engels ab.

Der Engel, der uns vorausgeht, lässt einen Kreis um uns entstehen. Er rundet in uns ab, was eckig und kantig ist, was uns innerlich zerreißt und sich in uns gegenseitig stößt und bekämpft. Wo der Engel unseren Bereich durchzieht, dort wird das Leben in uns rund. Es gelingt. Es glückt. Der Engel verbindet die verschiedenen Bereiche in uns. Dort, wo er in unser Leben tritt, wird das Erdhafte in uns vom Licht erhellt. Dort wird klar, womit wir uns bisher schwer taten. Das helle und manchmal rötliche Braun ist von grünen Flecken durchzogen. Wo der Engel in unser Leben tritt, blüht auch neues Leben auf, wie ein Strahlenkranz, der vom Engel ausgeht.

Um den Engel herum wird das Leben bunt.

Er zieht uns voraus, damit wir in das Land kommen, das Gott uns verheißen hat, in dem Milch und Honig fließen. Ein Land, das teil hat an der Schönheit und Fülle des Paradieses, ein Land, in dem wir in die einmalige Gestalt hineinwachsen dürfen, die Gott für jede und jeden von uns vorgesehen hat.

VIII. Engel

Leicht wie ein Engel

Psalm 34,8

Der Engel schafft einen großen weißen Spalt zwischen den blauen Flächen. Seine Flügel sind verspielt, mal rund, mal spitz, fließen sie ineinander über. In der Kunstgeschichte begegnen wir vielfältigen Formen von Engelsflügeln. Es geht nicht immer um Flügel, mit denen der Engel zu fliegen vermag.

Oft sind die Flügel wie Lichtwirbel, wie Energiefelder, die um den Engel herum entstehen,

Felder von **Liebe und Segen**, von Frieden und Leichtigkeit.

Oft haben Künstler die Cherubim mit einem Strahlenkranz von Flügeln umgeben. Andere Engel sind mit Flügeln dargestellt, die wie Feuerflammen gegen den Himmel aufsteigen. Oder der Engel trägt einen hellen und einen dunklen Flügel, gleichsam Tag- und Nachtflügel. Mit dem einen Flügel reicht er in den himmlischen Bereich, der andere taucht ein in die Dunkelheit dieser Welt. Der Engel verbindet Himmel und Erde.

Dort, wo der Engel einbricht in unsere Welt, schafft Gott selbst einen Spalt. In dem Bild von Andreas Felger verbinden die Flügel die Bereiche auf beiden Seiten des breiten weißen Spaltes. Der Spalt spaltet unser Leben nicht. Vielmehr bringt er Klarheit in unser Leben. Und der Engel in diesem Spalt lässt das Leben hin und her strömen zwischen den verschiedenen Bereichen unseres Lebens, zwischen dem Tag- und Nachtbereich, zwischen dem Bewussten und Unbewussten, zwischen dem Hellen und Dunklen. Es ist ein spielerisches Hin und Her zwischen unseren Bereichen. So entsteht Leichtigkeit.

Der Engel lädt uns ein, uns selbst leicht zu nehmen und spielerisch mit den Herausforderungen unseres Lebens umzugehen.

Die Flügel des Engels tragen in sich alle Schattierungen von Blau, das dunkle und helle Blau, das träumerische und sehnsüchtige Blau, aber auch das traurige und tiefgründige Blau. Der Kopf des Engels ist von Gottes Licht umgeben, und seine Flügel lassen dieses gelbe Licht hineinströmen in den Spalt. Es leuchtet in beide Richtungen unserer Existenz, in die bewusste und unbewusste, in die helle und dunkle. Am rechten Bildrand sind blaue Punkte auf dem hellen Hintergrund dargestellt. Die Punkte stehen für das Kalkulierbare unseres Lebens, für das Berechenbare.

Der Engel schafft in unserem Alltag etwas, das zählt.

Er bringt etwas vom Blau des Himmels in die konkrete Welt unserer Alltagsgeschäfte. Zugleich sind die blauen Punkte von Gelb durchzogen: Auch mitten im Alltag leuchtet Gott auf. Der *heilige Benedikt* hat das verstanden, wenn er gerade im Kapitel über die Handwerker und ihre Arbeit schreibt, dass die Mönche so wirtschaften sollten, „dass in allem Gott verherrlicht werde“. Der Engel tritt in unsere alltägliche Welt, um sie zu verwandeln und mit göttlichem Glanz zu durchdringen. In Psalm 34 heißt es: „Einen Wall richtet auf der Engel des Herrn; die Frommen umgibt er, sie zu retten“ (Psalm 34,8). Im Bild von Andreas Felger wird das schützende und umschirmende und das befreiende Wirken des Engels sichtbar.

Da werden alle Bereiche meines Lebens von den Flügeln des Engels durchdrungen. Gott selbst zeigt im Engel seine schützende und schirmende Hand. Der Engel richtet einen Wall auf, der mich bewahrt vor allem, was mich bedroht. Wenn kein Feind über den Wall springen kann, den er schützend vor mir aufbaut, dann erfahre ich Freiheit und zugleich Leichtigkeit. Da zählt nicht mehr der äußere Erfolg oder die Anerkennung durch Menschen. Da lebt es in mir.
Ich komme in Berührung mit der Leichtigkeit des Seins, mit der

Freiheit meiner Seele, die sich nicht einordnen lässt in das Berechenbare und Kalkulierbare. Der Engel des Herrn umschirmt und befreit mich. Diese Zusage Gottes möchte im Engelbild immer mehr unser Herz und unseren Geist, unsere Seele und unseren Leib, unser Bewusstes und Unbewusstes durchdringen, damit wir aus dieser Wirklichkeit des Schutzes und der Freiheit leben.

IX. Engel

Der Engel der Auferstehung

Psalm 91,11–12

Der Engel zeigt alle Schattierungen des Grüns, das dunkle und helle, das lichte Grün, das ins Gelb reicht, und das Grün, das ins Blau fließt. Die Farbe Grün wird von vielen als beruhigend, sanft und freundlich erlebt, als erfrischend und friedvoll. Grün erinnert an die Wiese, auf die ich mich lege, um mich auszuruhen. Auch das Waldgefühl gehört zum Erleben der Farbe Grün. Wenn der Wald im Frühling zu grünen beginnt, entsteht auch im Menschen das Gefühl neuer Lebendigkeit. *Hildegard von Bingen* spricht von der „Grünkraft“, die aus Gottes Schöpferkraft und aus der Erneuerungskraft des Heiligen Geistes strömt. Hildegard sieht in der „edelsten Grünheit“ eine heilende Kraft Gottes. Und sie versteht die Seele als die grünende Kraft des Leibes, die den Leib aufblühen lässt.

Der Engel bringt die Grünkraft in unser Leben.

Er lässt unser Leben neu aufblühen.

Im Bild gibt es nicht nur das helle und dunkle Grün, sondern auch das grünliche Gelb. *Carl Gustav Jung* berichtet von einem Traum, der ihn sehr bewegt hat. Er sah den gekreuzigten Christus am Fußende seines Bettes. Sein Leib bestand aus grünlichem Gold. *Jung* erschrickt über diesen Traum. Doch dann erkennt er in dem grün-goldenen Christus das grüne Gold der Alchemisten. In ihm wollen sie die Weisheit Gottes und der Natur zusammenbringen. Christus verkörpert für *Jung* beides: Er ist Gottes Sohn. Und er ist ganz Mensch. In ihm ist das fruchtbringende Grün der Erde eins mit dem Goldglanz Gottes. *Marc Chagall* hat diese innere Beziehung offensichtlich ähnlich gesehen.

1970 malt er im Fraumünster in Zürich einen grün-goldenen Christus. Christus verbindet die Fruchtbarkeit der Erde mit der Herrlichkeit Gottes. In ihm leuchtet Gottes Herrlichkeit in unserer Welt auf. Und wenn im Frühling das Grün neu aufblüht, feiern wir das Fest seiner Auferstehung, den Sieg der Liebe über den Tod und den Sieg des Lebens über alle Erstarrung. Der Engel, der in unsere Welt eindringt, will das Fruchtbringende der Erde mit dem Gold Gottes verbinden. Der grüne Engel ist letztlich ein **Engel der Auferstehung.** Er verheißt uns, dass die Auferstehung auch an unserem Leib geschieht. Wenn Christus in uns aufersteht, dann siegt in uns das frische Grün über das Grau des Winters. Wir werden lebendig, weil Gott mit seiner Schöpferkraft in uns eindringt.

Was in uns verwandelt wird, wenn ein Engel in unser Leben tritt, hat Andreas Felger im rechten unteren Eck des Bildes dargestellt. Grüne und gelbe Rechtecke sind zusammengewoben, alles Fruchtbare in uns ist durchwirkt vom Goldglanz Gottes. Da wird Wirklichkeit, was Gott uns in Psalm 91 verheißen hat: „Er entbietet für dich seine Engel, dich zu behüten auf all deinen Wegen. Sie sollen auf den Händen dich tragen, dass nicht an einem Stein sich stoße dein Fuß“ (Psalm 91,11–12). Wenn im Engel Gottes goldener Glanz uns umhüllt, dann sind wir geschützt von den Steinen, die uns im Weg liegen. Dann werden wir nicht darüber stolpern. Im Bild von den Engeln, die uns auf den Händen tragen, wird das Geheimnis der Auferstehung sichtbar. Im Tod werden uns Engel in den Schoß des barmherzigen Gottes tragen. Niemand kann uns aus den Händen der Engel entreißen, die Gott zu unserem Schutz gesandt hat.

X. Engel

Gewänder des Heils

Sacharja 3,2–4

Das Bild von Andreas Felger erinnert mich an eine Szene, die uns der Prophet Sacharja beschreibt. Da steht ein Engel vor dem Herrn, neben ihm der Hohepriester Josua und Satan, der ihn anklagt. „Da sprach der Engel des HERRN zu dem Satan: Der HERR gebietet dir Schweigen, Satan. Der HERR, der Jerusalem auserwählt hat, gebietet dir Einhalt. Ist dieser da nicht wie ein Stück Holz, das dem Feuer entrissen wurde? Josua aber stand, angetan mit schmutzigen Kleidern, vor dem Engel des HERRN. Da nahm dieser das Wort und sprach zu denen, die vor ihm standen: Nehmt ihm die schmutzigen Kleider weg, und legt ihm Feierkleider an!" (Sacharja 3,2–4).

In dem Bild von Andreas Felger steht der Engel zwischen zwei braunen Flächen. Braun ist die Farbe der Erde, aber auch der Armut und Kargheit. *Franziskus* hat daher die braune Kutte gewählt. Braun steht auch für den Schmutz der Erde. Beim Propheten Sacharja hat Josua ein schmutziges Gewand an. Josua ist ein Bild für Jesus, der sich nicht gescheut hat, das braune Gewand unseres irdischen Daseins zu tragen. Aber Jesus hat das Braun unseres Bettlergewandes von innen her erleuchtet mit seiner göttlichen Herrlichkeit. Beim Propheten Sacharja lässt der Engel den Hohenpriester mit lichten, festlichen Gewändern bekleiden. Wo der Engel in unser Leben eintritt, da erhellt er unser Leben, da wird das Braun unseres irdischen Daseins rötlich leuchtend. Es bekommt eine warme Farbe, die Farbe von Geborgenheit und Heimat.

Der Engel scheint sich hinter einem großen Flügel zu verbergen. Dieser Flügel, der bis zum unteren Rand des Bildes reicht, ist auf der rechten Seite dunkel. Andreas Felger steht hier in einer langen Tradition der Engeldarstellungen. Es gibt Darstellungen, in denen der eine Flügel des Engels hell ist, während der andere in Dunkel getaucht ist. Dort, wo der Engel in unser irdisches Dasein tritt, nimmt er den Schmutz unserer Seele mit seinem Flügel auf. Doch das Dunkle kann ihm nicht schaden. Vielmehr wird es von der lichten Seite her in seinen Grenzen gehalten. Der eine Teil des großen Flügels ist daher schon in helles Licht getaucht, der Kopf des Engels von hellem Licht umgeben. Dieses Licht durchdringt den dunklen Flügel und mit ihm die Dunkelheit unseres Lebens.

Der Engel hat immer etwas Klärendes

an sich. Er klärt das Trübe in uns, er erhellt das Verdunkelte unseres Herzens. Wo er eintritt in unser Leben, da bekleidet er uns mit festlichen Gewändern. Da bekommt unser Leben einen neuen Glanz, den Glanz göttlicher Herrlichkeit.

XI. Engel

Der Engel des Exils

Baruch 6,6

Der Engel ist ganz in Blau gehalten. Seine beiden Flügeln trägt er nach hinten, so als ob er gerade vom Himmel her zu uns geflogen kommt. Er schafft einen weiten, hellen Raum, in dem unser Leben gelingen kann. Der Engel bringt etwas von der Sehnsucht der blauen Blume in unser Leben ein. Er öffnet den Himmel über uns und bringt Segen in unser Leben. Es ist der Segen des Himmels, der über uns fällt und uns bereichert – wie die blauen Perlen am rechten Bildrand. Es ist wie im Märchen „Die Sterntaler“. Das kleine verwaiste Mädchen ist scheinbar von allen Menschen verlassen. Doch weil es fromm ist und selbst dem noch gibt, der der Hilfe bedarf, fallen auf einmal die Sterne vom Himmel. Und die Sterne waren lauter blanke Taler. Das Mädchen sammelt sie und „war reich für sein Lebtag“. Wer den Engel eintreten lässt in sein Leben, der wird belohnt durch den Segen, den der Engel auf ihn regnen lässt.

Im Buch Baruch ist uns ein Brief überliefert, den der Prophet Jeremia an die in Babel gefangenen Israeliten geschrieben hat. Darin warnt Jeremia das Volk, sich den Fremden anzugleichen und ihre Götter zu verehren. Damit sie vor der Versuchung der Götzenanbetung bewahrt werden, sollen sie in ihrem Herzen sprechen: „Dir allein, o Herr, gebührt Anbetung! Mit euch ist ja mein Engel“ (Baruch 6,6). Auch im Exil sind die Israeliten nicht allein gelassen. Der Engel Gottes ist bei ihnen. Die babylonische Gefangenschaft ist ein Bild für unser Leben.

Wir fühlen uns in dieser Welt oft genug in der Fremde, entfremdet von uns selbst und dem Grund, aus dem wir leben, fern von Gott, der allein uns Heimat zu schenken vermag. Und wir sind gefangen in den Zwängen unserer Angst, in den Fesseln unserer Abhängigkeiten und in der Enge unseres begrenzten und eingeschränkten Daseins. Wir fühlen uns heimatlos, verbannt unter Menschen, die Gott nicht kennen und nichts von unserem wahren Wesen wissen. Sie wollen uns in ihre Vorstellungen pressen. Ihr ganzes Streben geht dahin, dass wir uns ihnen angleichen. Doch – so verheißt uns der Prophet Jeremia – der Engel schützt uns davor, uns den Fremden anzupassen. Er wacht über unser Leben. Weil der Engel sich über uns beugt, sind wir geschützt vor der bedrängenden Nähe des Dunkels. Auf keinem anderen Bild hat Andreas Felger den weißen Spalt so breit gemalt. Es ist mehr als ein Spalt. Denn er ist nach rechts hin offen. Er schafft in uns einen weiten Raum der Freiheit, in dem niemand Macht über uns hat und in dem wir mitten in der Welt zu leben vermögen. In diesem Raum der Freiheit erfahren wir unseren inneren Reichtum, der uns von Gott her zukommt. Dort, wo wir mitten in der Fremde dieser Welt Gott die Ehre geben und ihn anbeten, leuchtet Gottes Herrlichkeit über uns.

In der Anbetung erfahren wir **Heimat**.

Da haben wir teil am hellen Licht Gottes. Da wird unser Leben hell und heil. Es wird gesegnet und darf auch für andere zur Quelle des Segens werden.

XII. Engel

Der Engel des Bundes

Maleachi 3,1–3

Der zwölfte Engel erinnert an den Engel des Bundes, den Gott mit den zwölf Stämmen Israels, seinem Volk, geschlossen hat. An diesen Bund erinnert der siebenarmige Leuchter, den die Juden im Tempel verehrten. Er scheint im hellen Braun am rechten Bildrand auf. Beim Prophet Maleachi verheißt Gott dem Volk den Engel des Bundes: „Siehe, ich sende meinen Boten, dass er mir den Weg bereite, und plötzlich kommt dann in seinen Tempel der Herr, nach dem ihr euch sehnt, und der Engel des Bundes, nach dem ihr verlangt" (Maleachi 3,1). Der Engel des Bundes kündet das Kommen des Herrn selbst an, nach dem wir uns sehnen. Doch das Kommen des Herrn erfüllt nicht nur unsere Sehnsucht, es erfüllt uns auch mit Schrecken: „Wer wird den Tag seines Kommens ertragen, und wer wird bestehen bei seinem Erscheinen? Denn er ist wie das Feuer des Schmelzers und wie die Lauge der Walker. Dann wird er sich hinsetzen und schmelzen und läutern, er wird die Söhne Levis reinigen und läutern wie Gold und Silber" (Maleachi 3,2–3).

Der Engel, der mit mächtigen Flügeln in unser Leben tritt, ist ein Engel der Läuterung. Sein rechter Flügel ist von der Dunkelheit dieser Welt getränkt. Doch die linke Bildhälfte zeigt, dass der Engel das Dunkle in uns reinigt. Das Blau wird heller. Je tiefer der Engel in unser Leben eindringt, desto hoffnungsvoller wird unser Leben und desto mehr Licht leuchtet in uns

auf. Der linke Bildrand ist in hellem Grün gehalten, oben und unten von Gelb umgeben. Der mächtige Flügel des Engels scheint vom Flügel eines anderen Engels überschnitten. Dort, wo ihre beiden Flügel sich überlappen, entsteht ein geschützter grüner Raum, vom Licht erleuchtet, voller Hoffnung und Zuversicht.

Am rechten unteren Rand ist ein Rechteck mit verschiedenen Farben. Es steht für die Buntheit unseres Lebens, aber auch für das Karierte, in viele kleine Portionen Eingeteilte unseres Alltags. Da scheint vieles nebeneinander zu liegen. In unserem Leben gibt es Orte, die von Liebe erfüllt sind, Bereiche, in denen unsere Seele schon geläutert und rein erscheint, Momente, in denen Gottes Licht aufleuchtet. Aber es gibt auch dunkle Bereiche unseres Lebens. In sie muss das Licht des Engels noch eindringen. Der Flügel auf der rechten Bildseite hält das Dunkel, das von oben her in das Bild einfällt, von uns ab. Unter dem Flügel ist der siebenarmige Leuchter.

Was der Engel des Bundes uns verkündet,

ist das Wort Gottes, „eine Leuchte für unseren Fuß" (Psalm 119,105). Das Licht des göttlichen Wortes will in alle Bereiche unseres Alltags eindringen, damit alle Bereiche unseres Lebens vom Rot der Liebe, vom Goldglanz Gottes und von der weißen Klarheit unserer Seele zeugen.

XIII. Engel

Der Engel der Vollendung

Matthäusevangelium 13,47–50

Andreas Felger hat seinen Engeln immer ein Kreuz ins Gesicht gemalt. Mit dem Kreuz im Gesicht verweisen die Engel auf Christus, den Gekreuzigten, der am Kreuz die Welt mit Gott versöhnt hat. Aber das Kreuz ist nicht nur Zeichen der Versöhnung, sondern auch der Scheidung. Das Kreuz ist wie ein Schwert, das zwischen Gut und Böse scheidet. Als Jesus am Kreuz starb,

riss der Vorhang
im Tempel

„von oben bis unten in zwei Teile, die Erde erbebte, und die Felsen spalteten sich, die Gräber öffneten sich und viele Leiber der entschlafenen Heiligen wurden auferweckt" (Matthäusevangelium 27,51–52). Durch das Kreuz spaltet sich die Erde und gibt die Toten frei. Und der Vorhang, der die Menschen vom unmittelbaren Umgang mit Gott abhielt, zerreißt, damit nun alle Menschen Zugang zu Gott finden.

Der Engel mit dem Kreuz im Gesicht teilt die Welt in verschiedene Bereiche ein, in einen dunklen Bereich unter ihm, in helles Blau vor ihm, in ein violettes, ein dunkelgrünes und ein dunkelblaues Rechteck am unteren Bildrand. Der Flügel des Engels ist in hellem Blau gemalt. Über ihm wird das Blau ganz licht, bis es sich in die Klarheit der weißen Farbe auflöst. Jesus hat ein Gleichnis erzählt, das mir dieses Bild zu deuten scheint. „Wiederum ist das Himmelreich gleich einem Netz, das ins Meer geworfen wurde und Fische aller Art zusammenbrachte. Als es voll war, zogen sie es auf den Strand, setzten sich und lasen die guten in Gefäße, die schlechten aber warfen sie weg. So wird es sein am Ende der Welt: Die Engel werden ausziehen und die Bösen mitten aus den Gerechten aussondern und sie in den Feuerofen werfen" (Matthäusevangelium 13,47–50). Während unseres Lebens liegen die verschiedenen Bereiche nebeneinander, ja, sie sind ineinander verzahnt.

Die Engel sind nicht nur die Boten, die Gott in unseren Alltag schickt, damit sie uns beistehen und uns begleiten. Es gibt auch die Engel der Endzeit.

Gott wird **am Ende** der Welt seine **Engel aussenden**,

um in dieser Welt die Guten von den Bösen zu trennen. Das Ende der Welt kommt für jeden von uns in seinem Tod. Im Tod wird der Engel in mir das Gute vom Bösen trennen. Was während meines irdischen Daseins zusammengehört, das wird im Tod getrennt. Da wird das Gute in mir in Gott hineingeworfen. Doch das Dunkle und Böse in mir wird ausgesondert und verbrannt.

Auf dem Bild zeigt mir der Engel, dass all die Bereiche, auf die er schaut, auch in mir sind. In mir ist das helle Blau der Sehnsucht, das dunkle Blau der Schwermut, das Violett der Verschmelzung, das Dunkle und Undurchdringliche und das Dunkelgrün, in dem die Grünkraft zu schwach ist, um das Leben in mir zum Blühen zu bringen.

Während meines Lebens muss ich die Spannung in mir aushalten. Da hat der Engel die Aufgabe, mir die verschiedenen Bereiche meines Leibes und meiner Seele aufzuzeigen, damit ich mich damit aussöhne. Doch der Engel gibt mir zugleich die Hoffnung, dass er am Ende meines Lebens alles aus mir aussondern wird, was mich von Gott abhält. Dann wird das Gute in mir in die Körbe gelegt, die Gott für seine ewige Ernte vorbereitet hat. In diesen Körben werde ich in Gott hineingetragen, um mit ihm das Fest des Lebens zu feiern. So wird der Engel, der das Gute vom Bösen scheidet, zugleich zum Engel der Vollendung, der das Gute in mir zu seiner wahren Fülle bringt und es in Gott vollendet.

XIV. Engel

Der Seraph göttlicher Liebe

Matthäusevangelium 22,29–30

Der Engel ist in lauter roten Farbtönen dargestellt. Rot ist die Farbe der Liebe. *Ingrid Riedel* schreibt vom Rot: „Mit Hellrot und Rosa ist der Ausdruckswert des zarten Gefühls, der Zärtlichkeit und Lieblichkeit ausgedrückt: Es ist die Lieblingsfarbe kindlicher und sehr junger Menschen. Im Feuerrot oder Zinnober brennt hingegen die Leidenschaft des Sexus und der Begeisterung, auch die der Aggression und der Revolution. Blutrot oder Karmin kann als Mitte der roten Skala angesehen werden. Die Fülle und Reife des Gefühls, des Eros, der schöpferischen Kraft drückt sich in ihnen aus, die voll entfaltete Stärke des Herzens, des Gemüts und der Vitalität. Weinrot tendiert zu einer besonderen Tiefe und Wärme des Gefühls“ (Riedel 40). Auf unserem Bild sind alle Schattierungen des Roten zu finden. Wo der Engel in unser Leben einbricht, da fängt unser Leben zu leuchten an.

Da wird es durchtränkt von der göttlichen Liebe.

Die Gottesliebe verbindet in uns die zärtliche Liebe des Kindes mit der begehrenden Liebe von Mann und Frau. Sie integriert in unsere Liebe alle Kräfte unseres Leibes und unserer Seele: die Aggression und die Sexualität, die Zärtlichkeit und Lauterkeit, die Freundesliebe, die sich freut über den Freund, die begehrliche Liebe, die sich nach dem Geliebten sehnt, und die reine Liebe, die Agape, die göttliche Liebe.

Der Prophet Jesaja spricht von Seraphim, die über dem Thron Gottes stehen. Seraph heißt der Brennende, der in Flammen Stehende. Einer der Seraphim fliegt zum Propheten und berührt mit einer glühenden Kohle seinen Mund. Er brennt ihn gleichsam rein von seiner Schuld.

Der Seraph ist selber glühend.

Er wird immer in roter Farbe dargestellt. Der Engel reinigt uns mit der Glut des göttlichen Feuers, der göttlichen Liebe. Seine Flügel hat Andreas Felger hier in dreieckigen Formen gemalt. Das Dreieck verweist immer auf Gott. Gott selbst ist das Feuer, das uns von aller Schuld reinigt, das alles in uns ausbrennt, was sich seiner göttlichen Liebe widersetzt.

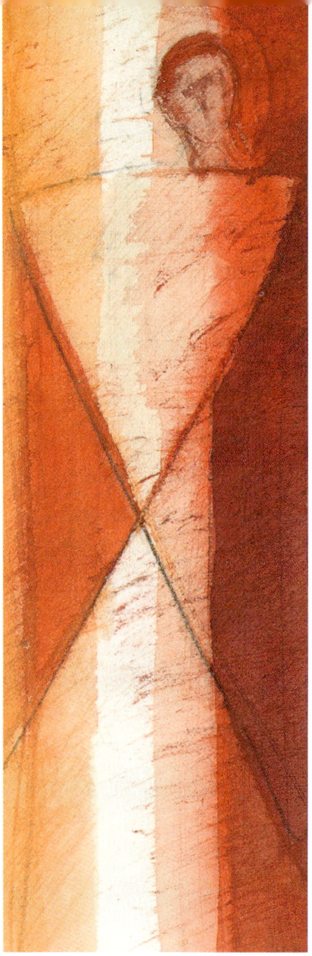

Mich erinnert das Bild des roten Engels an die Auseinandersetzung Jesu mit den Sadduzäern über die Auferstehung. Die Sadduzäer wollen Jesus auf die Probe stellen, indem sie von einer Frau erzählen, die nacheinander mit sieben Brüdern verheiratet war, von denen jeder starb. Und sie fragen ihn, wessen Frau sie nun bei der Auferstehung sein werde. Jesus antwortet ihnen: „Ihr irrt, weil ihr weder die Schriften kennt noch die Kraft Gottes. Denn bei der Auferstehung heiraten sie nicht und werden nicht geheiratet, sondern sind wie die Engel im Himmel" (Matthäusevangelium 22,29f). Im Himmel wird sich unsere Liebe nicht mehr auf einen einzigen Menschen richten, sondern auf alle.

Alles in uns. wird Liebe sein.

Die Liebe, die hier oft genug vermischt ist mit Besitzansprüchen und Machtbedürfnissen, mit Aggression und mit dem Drang zu verletzen, wird in reine Liebe verwandelt. Wir werden wie der Engel auf dem Bild einfach Liebe sein. Unsere Liebe wird teilhaben an der göttlichen Liebe, aus der ungetrübten und unerschöpflichen Quelle der Liebe Gottes strömen.

Was für unser Leben nach der Auferstehung gilt, ist aber schon Verheißung für unser irdisches Dasein.

Wenn der **Engel** eintritt in unser **Leben**,

dann wird er unsere begrenzte und oft genug getrübte Liebe durch das Feuer der göttlichen Liebe läutern. Dann werden wir auf einmal in uns eine Liebe spüren, die einfach nur strömt, die Licht bringt in unser Leben und zugleich in das Leben anderer Menschen. Und zugleich werden wir in dieser Liebe Gott selbst erfahren. Wir werden verstehen, was Johannes in seinem Brief meint, wenn er schreibt: „Gott ist Liebe, und wer in der Liebe bleibt, der bleibt in Gott, und Gott bleibt in ihm“ (1. Johannesbrief 4,16).

XV. Engel

Der Zusammenklang der Gegensätze

Matthäusevangelium 24,31

Auf diesem Bild schafft der Engel keinen Spalt, in den Gott einbrechen könnte. Er verbindet in sich die Farben Blau und Grün, er hält in uns zusammen, was wir nicht zusammenbringen. Auf dem rechten Bildrand erscheint bedrohlich etwas Dunkles. Der Engel hellt das Dunkle mit seinem Flügel auf. Er schützt uns vor der Finsternis, die in uns einbrechen möchte. Unterhalb seines Flügels wird es heller. Da verliert die Finsternis ihre Kraft. Sie wird nur noch ein Gegenpol zum Hellen in uns. Aber sie gehört zu uns. Sie gibt dem Hellen Stütze.

Die Theologie versteht die Engel nicht als Personen, sondern als personale Mächte. Diese abstrakte Aussage bedeutet,

dass Engel **unser Personsein** schützen.

Sie ermöglichen es uns, bei aller Gegensätzlichkeit, die wir in uns vorfinden, nicht auseinander zu brechen, sondern eine Person zu werden. Person heißt: dass alles, was in uns ist, durch die eine Maske hindurchtönt (lateinisch *per-sonare:* hindurchtönen). Wenn auch das Dunkle in unsere Stimme einfließt, dann bekommt die Stimme Farbe. Dann wird sie angenehm, im Gegensatz zu einer schrillen Stimme, die ohne Kontraste ist und daher für unsere Ohren einen aggressiven Klang bekommt. Alles, was in unserem Inneren an Hellem und Dunklem ist, scheint durch unser Gesicht hindurch. Der Engel hindert das Dunkle in uns, von uns Besitz zu ergreifen. Er verwandelt es in den Hintergrund, auf dem das Helle erst erstrahlen kann.

Wir brauchen den Engel in uns, er gibt unserem Personsein Stütze und Halt. Er bewahrt unsere Seele davor, auseinander zu fallen. Heute gibt es immer mehr Borderline-Kranke. Es sind Menschen, die das innere Chaos nicht mehr zusammenhalten können. Sie bedürfen des Engels, der die Gegensätze in ihnen miteinander verbindet. Der grüne Flügel des Engels zeigt, dass dann mitten in der Gegensätzlichkeit unserer Seele etwas aufzublühen beginnt.

Die verbindende Funktion der Engel leuchtet im Wort Jesu auf, das er uns in seiner Endzeitrede zusagt: Der Menschensohn „wird seine Engel aussenden unter lautem Posaunenschall, und sie werden seine Auserwählten sammeln von den vier Winden her, vom einen Ende des Himmels bis zum andern“ (Matthäus 24,31). Das Wort gilt nicht nur für die vielen Gläubigen, die auf der ganzen Welt zerstreut sind, sondern auch von jedem Einzelnen von uns. Die Engel werden das, was Gott in uns auserwählt hat, aus allen vier Windrichtungen zusammenführen. Sie werden in unserem inneren Chaos das, was zerstreut ist, miteinander verbinden und uns so zur Ganzheit führen. Die Gegensätze in uns werden nicht zu einem Missklang führen, sondern zu einem neuen Zusammenklang. Die Engel werden das Gegensätzliche in uns zu einer Symphonie verwandeln, in der die Vielfalt und Schönheit Gottes aufklingt. Wir werden nicht mehr hin und her gezerrt sein zwischen Nord und Süd, zwischen Ost und West. Das Bewusste und Unbewusste, das Kalte und Warme, das Helle und Dunkle, das Männliche und Weibliche wird in uns zusammengeführt. Alles ist von Gott auserwählt, angenommen, angeschaut und geliebt.

XVI. Engel

Der Türöffner

Apostelgeschichte 5,19–20

Der Engel stemmt sich mit seinem großen Flügel gegen das Dunkle, das vom rechten Bildrand her auf ihn einstürmt. Er hält seinen Flügel gleichsam als Schild vor sich hin, um uns vor der Macht der Finsternis zu schützen. Hinter seinem Flügel herrscht die Farbe Grün vor mit ihren verschiedenen Schattierungen. Da ist dunkles Grün, ein Grün, das den Geschmack der Erde hat. Und da ist ein helles Grün, ein freundliches Grün, das zu leuchten beginnt. Es ist kein Spalt zwischen dem Dunklen und dem Grün, in dem neues Leben aufblüht. Nur der Kopf des Engels ist von einem weißen Schein umgeben. Der Engel, der aus dem reinen Licht Gottes kommt, wagt sich in die Finsternis hinein, um uns vor ihr zu schützen. Er gibt seinen hellen Schein auf, um ganz für uns einzutreten. Es ist ein kämpfender Engel, der für uns eintritt. Und es ist ein Engel, der sich für uns die Flügel schmutzig macht, damit wir vor dem Schmutz der Welt geschützt sind.

Gott schickt seine Engel in unser Leben, das von Dunkelheit bedroht ist. Die Bibel erzählt uns immer wieder Geschichten von solchen Engeln, die Gott gerade in unsere Not und Bedrängnis sendet. Als die Hohenpriester und Sadduzäer die Apostel verhaften und ins Gefängnis werfen lassen, lässt Gott sie nicht allein, sondern gibt einem Engel den Auftrag, sie zu befreien: „Ein Engel des Herrn öffnete in der Nacht die Türen des Kerkers, führte sie hinaus und sprach: Geht hin und tretet im Tempel auf und predigt dem Volk alle Worte dieses Lebens" (Apostelgeschichte 5,19–20). Der Engel geht ins Gefängnis und besucht die

Apostel, die dort im Dunklen sitzen, bedroht von der Macht willkürlicher Behörden. Der Engel stemmt sich gegen die Tür des Gefängnisses und öffnet sie. Er hält gleichsam seinen Flügel als Schild vor die Jünger, damit sie in seinem Schutz aus dem Gefängnis ausbrechen können. Und er gibt ihnen den Auftrag, im Tempel aufzutreten und die Worte des Lebens zu verkünden. Durch ihr Wort soll das Leben in den Menschen aufblühen, das Gott uns in Jesus Christus zugedacht hat.

Der Engel befreit uns aus dem Gefängnis unserer Angst, unserer Zwänge, unserer Ohnmacht. Er tritt ein in die Finsternis unserer Seele, die in sich selbst gefangen ist und keine Hoffnung auf Befreiung mehr in sich spürt. Der Engel hält mit seinem Flügel von uns ab, was uns bedroht und uns verschlingen möchte. Im Rücken des Engels kann in uns das Leben erblühen. Der Engel kann durch ein Wort dem Dunklen in uns Einhalt gebieten. Manchmal wird ein Mensch für uns zum Engel, wenn er sich vor uns hinstellt, damit wir lernen, zu uns zu stehen. Oder der Engel lässt in unserem Herzen ein Licht aufstrahlen, das die Dunkelheit in uns vertreibt. Es ist gut zu wissen, dass da ein Engel mit seinem mächtigen Flügel in unser Leben eintritt, um sich gegen alles zu stemmen, was unser Leben bedroht. Wenn wir vor verschlossenen Türen stehen, dürfen wir

den Engel bitten, uns die Tür zu öffnen.

Oft ist die Tür zu unserem eigenen Herzen zugefallen. Wir haben keinen Zugang mehr zu unserem Innern. Da braucht es den Engel, der uns die Tür zu unserer Seele aufbricht, damit in uns das Leben wieder zu blühen beginnt.

XVII. Engel

Der Engel der Taufe

Apostelgeschichte 10,3–4

Der Engel erscheint auf dem Hintergrund vieler Quadrate. Die meisten von ihnen weisen Blautöne auf – von hellem über dunkles Blau hin zum Violett. In zwei Quadraten leuchtet ein heller goldener Schein auf. Im Islam ist das Quadrat ein Symbol für das menschliche Herz, das vier Inspirationsquellen offen steht: der göttlichen, der englischen, der menschlichen und der teuflischen. Wenn der Engel auf unser Herz einwirkt, dann beginnt es zu leuchten und ist geschützt vor dem Dunkel des Teuflischen, das am linken Bildrand nur noch als kleines Rechteck seinen Schatten wirft. Wenn der Engel sich vor unser Herz stellt, dann wird darin eins, was sich sonst oft gegenseitig bekämpft. Die violette Farbe ist die Farbe der Verschmelzung, der Mystik und Weisheit. Sie drückt Geheimnis und Faszination aus. In der Liturgie ist es die Farbe der Advents- und Fastenzeit und symbolisiert die Buße. Das Violett zeigt, dass das Blaue des Göttlichen und das Rot des Menschlichen, Bluterfüllten miteinander ringen und eins werden. Der Engel ermöglicht es uns,

das **Menschliche** und **Göttliche** in uns zu **verbinden**.

Er selbst stellt in unserem Herzen die Verbindung her.

Doch wenn der Engel an unser Herz klopft, dann sendet er uns auch den göttlichen Schein des Lichtes. Dann beginnt unser Gesicht zu leuchten. Der göttliche Glanz spiegelt sich in unserem Antlitz wider. Das Gold des göttlichen Lichtes leuchtet als großes Quadrat im hellen Blau auf, das auf das Blau des Himmels verweist, und als kleiner rechteckiger Schein im violetten Quadrat.

Dort ist es
wie ein verborgenes **Licht**.

Es ist das Licht, von dem die Mystik sagt, dass es im Innern unserer Seele leuchtet. Im Gebet – so sagt *Evagrius Ponticus* – kommen wir mit dem inneren Licht in Berührung. Da können wir es einen Augenblick lang schauen.

Vom römischen Hauptmann Cornelius erzählt uns Lukas, dass er fromm und gottesfürchtig war und beständig zu Gott betete. „Eines Tages sah er um die neunte Stunde in einem Gesicht deutlich, wie ein Engel Gottes zu ihm eintrat und ihn anredete: Deine Gebete und Almosen sind zu Gott emporgestiegen, und er hat ihrer gedacht“ (Apostelgeschichte 10,3–4). Die neunte Stunde ist die Stunde des Gebetes. Die Neun steht für das

Einswerden aller drei Bereiche im Menschen: Geist, Seele und Leib.

Der Engel verbindet im Hauptmann alle Bereiche: den Geist, der sich zu Gott aufschwingt, die Seele, die den Leib durchdringt, und den Leib mit seiner Erdenschwere. Der Engel lädt den Cornelius ein, er solle seine Diener zu Petrus senden und den Apostel bitten, zu ihm zu kommen, und er richtet es im Auftrag Gottes so ein, dass Petrus schließlich den Hauptmann und sein ganzes Haus tauft.

Die Taufe bewirkt all das, was Andreas Felger in seinem Engelbild zum Ausdruck bringt. Da werden die verschiedenen Quadrate unseres Lebens miteinander verbunden. Da wird das Irdische und Himmlische vereint. Da leuchtet Gottes Goldglanz in uns auf. Die Täuflinge werden mit einem weißen Gewand bekleidet, um auszudrücken, dass sie Christus angezogen haben und dass alles Trübe in ihnen gereinigt ist. Das Weiß „ist Ausdruck des Absoluten, des Anfangs und des Endes, der Fülle und der Leere sowie deren Vereinigung“ (Riedel 179f). Und das Weiß bedeutet Erleuchtung und Verklärung. Die frühe Kirche nannte die Taufe „photismos“, das heißt „Erleuchtung“. In der Taufe kommen wir in Berührung mit dem ursprünglichen und unverfälschten, ungetrübten und makellosen

Bild, das Gott sich von jedem von uns gemacht hat.

Der Engel der Taufe möchte uns daran erinnern, dass Gott sein Licht in uns eingesenkt hat. Dort, wo Gott in uns leuchtet, strahlt unser wahres Wesen auf, das einmalige und einzigartige Bild, das Gott uns zugedacht hat.

XVIII. Engel

Der Engel der Verklärung

Apostelgeschichte 6,8.10.15

In diesem Bild steht der Engel vor neun farbigen Rechtecken. Es sind hell leuchtende Rechtecke in allen Farben: in Dunkelblau, Blau, Violett, Dunkelgrün, Hellgrün, Gelblich-Braun, Rötlich und Braun. Der Engel selbst mit seinen Flügeln ist nur angedeutet. Er bringt vor allem die oberen drei Rechtecke und das mittlere zum Leuchten.

Das Bild zeigt eine innere Einheit. Jeder Bereich darf für sich sein. Aber er ist auch mit dem anderen verbunden. Er gibt dem anderen Halt. Und der Engel schenkt dem Ganzen einen inneren Glanz. Damit die Mitte so hell leuchten kann, braucht es die dunkleren Außenbezirke. So verliert sich das Licht nicht, sondern ist gehalten von den blauen und grünen Rechtecken.

Das Bild erinnert mich an die Beschreibung des Diakons Stefanus durch den Evangelisten Lukas. Lukas nennt Stefanus einen Mann „voll Gnade und Kraft" (Apostelgeschichte 6,8). Aus verschiedenen Synagogen erheben sich Männer gegen ihn und streiten mit ihm. Doch „sie vermochten der Weisheit und dem Geiste, mit dem er sprach, nicht standzuhalten" (Apostelgeschichte 6,10). Schließlich beschuldigen sie ihn, er würde gegen den Tempel und das Gesetz reden. Doch als sie von ihren Worten auf das Antlitz des Stefanus blickten, sahen sie „sein Antlitz leuchten wie das eines Engels" (Apostelgeschichte 6,15).

Sie können noch so viele Worte gegen ihn richten, sobald sie ihn ansehen, sind sie fasziniert von seinem Gesicht. In seinem Antlitz leuchtet etwas auf, das über das Menschliche hinausgeht. Es ist wie das Antlitz eines Engels.

Wenn der Engel in alle Bereiche unseres Lebens eintritt, dann kann es sein, dass sich auch in uns etwas verklärt, dass auch unser Antlitz zu leuchten beginnt. Dabei bleiben wir ganz menschlich. Auch das Dunkle bleibt in uns. Wir sind nicht reine Geister wie die Engel. Wir haften auf der Erde. Wir kennen in uns weiterhin die verschiedenen Farben, die einander manchmal widerstreiten. Doch wenn der Engel der **Verklärung** uns besucht, dann klärt sich das Trübe in uns, das Dunkle wird hell, das Eigentliche strahlt auf. Der Engel der Verklärung bringt uns in Berührung mit unserem ursprünglichen Glanz, den wir von Gott her haben, den wir aber oft genug verdunkelt haben durch unser eigenes Ego. Wenn der Engel uns verklärt, dann kann es sein, dass es einem Beschauer geht wie den Männern des Hohen Rates. Obwohl sie den Stefanus bekämpfen, müssen sie bekennen, dass ihnen in seinem Angesicht etwas entgegenleuchtet, das heller ist als menschlicher Schein. Es ist der Widerschein des Göttlichen. Das Gesicht erscheint wie das Gesicht eines Engels.

XIX. Engel

Gabriel, der Sonnen-Engel

Offenbarung 19,17

Im letzten Buch des Neuen Testamentes, im Buch der Offenbarung, hat der Seher eine Vision von einem Engel in der Sonne. „Und ich sah einen Engel in der Sonne stehen. Der schrie mit mächtiger Stimme und rief allen Vögeln zu, die hoch am Himmel fliegen: Kommt her, versammelt euch zum großen Mahle Gottes“ (Offenbarung 19,17). An diesen

Engel, der in der Sonne steht,

erinnert mich das Bild von Andreas Felger, in dem der Engel ganz in Gelb getaucht ist. Es ist ein freundliches Gelb, an dem man sich gerne wärmt. Am rechten Rand wird das Gelb von rötlichen Tönen durchwirkt, am linken Rand ist es mit der Farbe Grün vermischt. Der Engel, der in der Sonne steht, bringt die göttliche Sonne in unser Leben. Im Buch der Offenbarung ruft er die Vögel zum großen Mahl Gottes herbei. Das Mahl Gottes ist hier aber nicht das Abendmahl, zu dem uns Christus einlädt, sondern ein Mahl, das alle Feinde Gottes verzehrt. Die Vögel des Himmels reinigen die Erde von allem Bösen, das auf uns einstürmen möchte, von allen falschen Propheten, die uns verwirren. Sie wollen dem Glanz der Sonne dienen, damit sie unser Leben erleuchte.

Gelb ist die Farbe der Sonne. Kaum ein Maler hat das Gelb so betont wie *Vincent van Gogh*. Unter der Sonnenglut von Arles wurde Gelb zu seiner Lieblingsfarbe. Er trägt sie oft sehr dick auf, um die erhellende und wärmende Kraft der Sonne einzufangen. Das Gelb erinnert ihn aber auch an die Ernte und an den Tod. *Van Gogh* malt den Tod nicht schwarz, sondern gelb. Er nimmt ihm das Bedrohliche. Der Maler schreibt zu seinem Bild vom Mäher in der Sonne, den er ganz in Gelb malt: „Ich sah in ihm ein Bild des Todes … Aber in diesem Tode liegt nichts Trauriges, es geschieht im vollen Licht, mit einer Sonne, die alles mit goldenem Licht überstrahlt“ (Riedel 95). *Henri Nouwen*, der holländische Theologe und Psychologe, hat sich *Vincent van Gogh* sehr nahe gefühlt. Er hat ihn verstanden in seiner inneren Zerrissenheit und Empfindsamkeit. Er meinte einmal, *van Gogh* habe

das innere Feuer in sich gehütet. Er habe es in seine Bilder einfließen lassen. Während seines Lebens habe sich niemand an den Ofen gesetzt, der seine Wärme ausstrahlte. Aber heute würden sich viele Menschen an den Bildern *van Goghs* wärmen und in seinen Bildern die Glut spüren, die ihn angetrieben hat und die ihn seine Bilder in wärmendem Gelb malen ließen.

In der christlichen Malerei wird vor allem der

Engel Gabriel bei der Verkündigung

der Geburt an Maria oft in Gelb dargestellt. Er bringt dem Mädchen aus Nazaret die Botschaft Gottes. Doch es ist mehr als ein Wort, von dem Maria schwanger wird. Der Engel verkündet ihr: „Heiliger Geist wird über dich kommen, und Kraft des Höchsten wird dich überschatten" (Lukas 1,35). Im Wort des Engels durchdringt der Heilige Geist selbst Maria. So wird das Kind, das sie gebiert, heilig genannt werden. Der Engel Gabriel erfüllt sie mit dem Licht der Liebe, die ihr von Gott zuströmt und die sie so offen empfängt, dass sie davon schwanger wird.

Auf dem Bild von Andreas Felger ist in dem hellen Gelb die Gestalt des Engels nur angedeutet. Er tritt zurück hinter dem Licht, das er verbreitet. Er lädt uns ein, uns am hellen Licht der göttlichen Liebe zu wärmen. Wenn wir das Bild betrachten, kommen wir in Berührung mit dem hellen Licht unserer Seele. Der rechte und bewusste Bereich in uns verfärbt sich rötlich. Das Licht der göttlichen Liebe befähigt auch uns zur Liebe, zu einer zärtlichen Liebe, wie es die Farbe auf dem Bild ausdrückt. Die linke und unbewusste Seite in uns wird durch das Licht des Engels grün. Sie beginnt lebendig zu werden und zu blühen. Unser Unbewusstes wird zu einer Quelle der Erneuerung. Wenn

das **Licht**
des Sonnen-Engels

alle Abgründe unserer Seele durchstrahlt, dann wird alles in uns zu einem fruchtbaren Acker, auf dem neues und frisches Leben wächst und aufblüht.

XX. Engel

Der Hüter des Feuers

2. Thessalonicherbrief 1,6–7

Der Engel beugt sich über das gelbe Licht am rechten Bildrand. Es ist ein bergender Engel, der das Feuer in uns schützt, damit es nicht ausgelöscht wird vom Sturm der Welt. Es ist

ein stürmischer Engel,

der den Sturm abhält, unser Licht auszublasen. Dort, wo er sich über unser Licht beugt, wird sein blauer Flügel rötlich. Das Licht Gottes verwandelt das Blau des Himmels in das Rot menschlicher Liebe. Der Mensch wird erst fähig zur Liebe, wenn das Licht Gottes in ihm leuchtet. Das Blau des Himmels kann auch kalt werden, es braucht das warme göttliche Licht, damit es in Liebe verwandelt wird.

Im zweiten Thessalonicherbrief ermutigt Paulus seine Adressaten mit den Worten: „Denn es ist doch gerecht von Gott, dass er euren Bedrängern mit Drangsal heimzahlt und euch, den Geplagten, mit uns zusammen Befreiung schenkt, wenn sich der Herr Jesus vom Himmel her mit den Engeln seiner Macht offenbart in flammendem Feuer" (2. Thessalonicher 1,6f). Der Engel, der das Licht in uns hütet, möchte uns, die wir in dieser Welt immer auch bedrängt sind von der Finsternis oder von Mächten, die uns feindlich gesinnt sind, Befreiung schenken. Es ist eine Erfahrung, die wir immer wieder machen müssen. Wir fühlen uns bedrängt, von Menschen, aber auch von inneren Belastungen. Paulus spricht hier von den Plagen, die uns drücken und betrüben. Der Engel hält seinen schützenden Flügel über uns, damit wir

frei werden von den Bedrängnissen, die auf uns einstürmen. Das griechische Wort „thlipsis“ bedeutet nicht nur Bedrängnis, sondern auch Trübsal. Wenn wir zu sehr geplagt werden von innen und von außen, dann bewirkt das in uns Traurigkeit und Betrübnis. Der Engel hält schützend seinen Flügel über uns, damit die Traurigkeit keine Macht über uns gewinnt, sondern sich das göttliche Licht der Liebe und Wärme in unserem Herzen immer mehr ausbreiten und unsere Stimmung prägen kann.

Es ist eine trostvolle Botschaft, die uns Paulus zuspricht. Christus wird mit seinen Engeln unser Herz schützen und befreien von allem, was es bedroht. Der Engel, mit dem Christus sich für uns offenbart, ist selbst Feuer und wird dafür sorgen,

dass das Feuer in uns nicht ausgeht. Der Engel breitet seine Flügel über uns, damit in seinem Schutz das helle Licht Gottes in uns aufstrahlen kann. Wenn es in unserem Innern leuchtet, dann wird es auch unseren Alltag erhellen. Das ist angedeutet in dem gelben und braunen Streifen am linken oberen Bildrand. Das Licht, das der Engel in uns schützt, durchdringt das schmutzige Braun unseres Alltags und lässt es in freundlichem Gelb erstrahlen. Die göttliche Liebe braucht den Schutz von Stille und Gebet und die schützenden Flügel des Engels. Dann vermag sie auch unseren Alltag zu verwandeln und die Menschen zu erreichen, denen wir täglich begegnen.

XXI. Engel

Der Hüter der Schwelle

Offenbarung 18,1

Der Engel trägt seine großen Flügel so, dass sie eine Pforte bilden. Mit dieser Darstellung folgt Andreas Felger der alten Tradition von den Pfortenflügeln, wie wir sie auf manchen Engelbildern sehen.

Der Engel ist der Hüter der Schwelle.

Eine Schwelle zu überschreiten, war in früheren Zeiten immer etwas Geheimnisvolles. Man hatte Angst, eine Schwelle zu übertreten, weil man nicht wusste, was einen jenseits der Schwelle erwartete. Der *heilige Christophorus* galt als Schwellenheiliger, der einem hilft, sicher über die Schwellen unseres Lebens zu gelangen. Doch in der Tradition gab es immer auch den Engel, der die Schwelle hütet und uns über sie geleitet. Die Engel, die ihre Flügel wie Türflügel ausbreiten, sind nicht nur Hüter der Schwelle, sondern werden selbst zu einer Pforte, durch die wir schreiten müssen.

Wer durch die Flügelpforte des Engels auf unserem Bild hindurchgeht, der gelangt in den weißen Spalt und

tritt ein in das **weiße Licht der Gottheit**, von dem die Mystiker sprechen.

Der Engel hält seine Flügel über ihn, damit er geschützt in diesen noch unberührten göttlichen Bereich einzutreten vermag. Weiß ist die Farbe der Initiation, der Täufling trägt ein weißes Kleid. Der Engel steht vor der Pforte, durch die wir treten, um von Gott her neu zu werden.

Jenseits der Pforte, die der Engel mit seinen Flügeln bildet, finden wir

Zugang zu uns **selbst**,

zu unserem wahren Selbst. Wer durch die Tür tritt und in Berührung kommt mit seinem innersten Kern, dessen Antlitz beginnt zu strahlen, so wie der Engel im weißen Spalt einen goldenen Heiligenschein trägt. Der Engel lädt uns ein, in den göttlichen Bereich zu treten, damit wir vom Licht Gottes erhellt und durchstrahlt werden. Dann wird von uns auch ein Glanz ausgehen, so wie von Mose, als er mit leuchtendem Antlitz vom Berg Horeb zum Volk Israel herabstieg.

Im Buch der Offenbarung schildert uns der biblische Verfasser eine Vision: „Es tat sich der Tempel des Offenbarungszeltes im Himmel auf. Und aus dem Tempel traten die sieben Engel, die die sieben Plagen hatten, heraus, in reines, glänzendes Linnen gekleidet, und um die Brust gegürtet mit goldenen Gürteln" (Offenbarung 15,5f).
Für uns ist es fremd, dass die sieben Engel die sieben Plagen über die Erde bringen.

Die Engel im Buch der Offenbarung sind keine niedlichen Engel, sondern machtvolle Boten Gottes. Gott schickt sie auf die Erde, damit sie alle gottfeindlichen Mächte besiegen und den Menschen den Zugang zu Gott ermöglichen. Sie bekämpfen alles, was den Menschen gefangen hält, damit wir durch die Pforte in den heiligen Bezirk des Tempels eintreten können. Auf diese Weise werden die Engel mit den sieben Plagen zu schützenden und helfenden Engeln. Von einem Engel heißt es: „Danach sah ich einen anderen Engel vom Himmel herabsteigen. Der hatte große Macht, und von seinem Lichtglanz wurde die Erde erleuchtet“ (Offenbarung 18,1). Der Engel mit den Pfortenflügeln ist so ein machtvoller Engel, der uns schützt vor allem, was uns bedroht, und der uns den Zugang zu Gott ermöglicht, damit wir wie er selbst zu leuchten beginnen. Dann wird die Verheißung für uns und in uns wahr: „Und Nacht wird nicht mehr sein, und sie brauchen weder Lampenlicht noch Sonnenlicht; denn Gott der Herr wird leuchten über ihnen, und sie werden herrschen von Ewigkeit zu Ewigkeit“ (Offenbarung 22,5).

XXII. Engel

Der Engel der Anbetung

Offenbarung 5,12

Ein Engel steht im Licht und schaut nach oben. Er schaut aus nach Gott. Für mich ist es nicht nur ein schauender, sondern auch ein rufender Engel. Er erinnert mich an den Engel, von dem Johannes in der Apokalypse schreibt: „Auch sah ich einen gewaltigen Engel, der mit mächtiger Stimme als Herold verkündete: Wer ist würdig, die Buchrolle zu öffnen und ihre Siegel zu lösen?“ (Offenbarung 5,2). Niemand war fähig, die Buchrolle zu öffnen, da tritt das geschlachtete Lamm heran und öffnet das Buch mit den sieben Siegeln. Unzählige Engel kommen, um das Lamm anzubeten. Sie rufen ihm mit lauter Stimme zu: „Würdig ist das Lamm, das geschlachtet ward, zu empfangen Macht und Reichtum und Weisheit und Kraft und Ehre und Herrlichkeit und Lobpreis“ (Offenbarung 5,12). Engel sind nicht nur Boten Gottes an uns.

Engel stehen um den **Thron Gottes** und beten ihn an. Sie erinnern uns daran, dass auch für uns die Anbetung die eigentliche Haltung vor Gott ist. Gott anbeten, das heißt, vor ihm niederzufallen, weil er Gott ist. In der Anbetung erbitten wir nichts von Gott. Da schauen wir wie der Engel auf dem Bild in das unbegreifliche Geheimnis Gottes hinein. Wir sind gebannt vor diesem Geheimnis. Wir können nur noch staunen und schweigen.

Wenn wir wie der Engel ganz im Hören und Schauen aufgehen, dann werden wir von Gottes Glanz erhellt. Dann wird das dunkle Blau zum leuchtenden Blau. Und der Spalt zwischen den beiden blauen Pfeilern weitet sich und erfüllt sich mit gelbem Licht. Unser Leben beginnt zu leuchten. Das Geheimnis der Anbetung ist, dass wir uns selbst vergessen. Wir hören auf, um unsere Sorgen und Ängste zu kreisen. Wir hören auf, uns selbst zu beurteilen oder zu bewerten. Es ist nicht mehr wichtig, wie es uns geht, ob wir uns gut fühlen oder nicht. Indem wir vor Gott niederfallen und uns selbst vergessen, sind wir auf einmal ganz im Augenblick. Wir sind wie der Engel ganz auf Gott ausgerichtet, nicht mehr hin und her gezerrt zwischen Himmel und Erde, zwischen Geist und Trieb, zwischen Gott und Mensch. Wir sind wie der Engel eindeutig, klar, durchsichtig.

Der *heilige Benedikt* mahnt seine Mönche, sie sollten beim Psalmensingen immer an das Psalmwort denken: „Im Angesichte der Engel will ich dir singen, mich niederwerfen vor deinem heiligen Tempel" (Psalm 138,1–2). Die Engel sind für ihn Bilder der wahren Beter, die nicht zerstreut sind, sondern ihren Geist ganz und gar zu Gott erheben. Und die Engel sind für ihn Bild der Kontemplation. Sie schauen immerdar das Antlitz Gottes. So sind sie Verheißung für unser Beten, dass wir nicht nur zu Gott beten und ihn anflehen, sondern dass wir im Gebet ihn selbst berühren, mit Gott eins werden und ihn schauen. Wenn ich während des klösterlichen Chorgebetes müde und unkonzentriert die Psalmen singe, hilft mir die Mahnung *Benedikts*, mich in den Kreis der Engel einzureihen. Dann bekommt mein Gebet einen anderen Geschmack. Dann ahne ich, dass ich nicht allein vor Gott stehe, sondern teilhabe an den vielen Engeln, die Tag und Nacht Gott preisen. Wenn mir das bewusst wird, öffnet sich für mich der Himmel. Und in meinem eben noch düsteren Geist wird es hell und heiter.

XXIII. Engel

Der Engel der Hoffnung

Apostelgeschichte 27,20.22–24

Violett bestimmt die Farbe des Bildes. Auf der linken Seite ist es ein Blau, das ins Violett drängt, auf der rechten Seite hat das Violett eine rötliche Färbung. Violett hat viele Bedeutungen und Wirkungen auf die Psyche des Menschen. Für den einen ist es ein Bild von Trauer und Leid, für den anderen Zeichen von Buße und

Hingabe an Gott. Violett kann auch die Verschmelzung von Mann und Frau und von Gott und Mensch, von Himmel und Erde (Blau und Rot) bedeuten. Für mich kommt in diesem Bild eher das Bedrohliche des Violetts zum Ausdruck. Ich muss an *Goethe* denken, der mit Violett „die Schrecken des Weltuntergangs" assoziiert (Riedel 134). Zwischen den beiden violetten Farbblöcken ist ein schmaler Spalt, in dem weißes und gelbes Licht aufleuchtet.

Eine bedrohliche Situation wie auf diesem Bild schildert uns Lukas in der Apostelgeschichte. Paulus ist als römischer Gefangener auf dem Schiff, das ihn nach Rom bringen soll. Unterwegs erleiden sie Schiffbruch. „Mehrere Tage sah man weder Sonne noch Sterne, und der Sturm umtobte uns so heftig, dass der letzte Rest von Hoffnung auf Rettung schwand" (Apostelgeschichte 27,20). In diese düstere Stimmung der Seeleute und Passagiere tritt Paulus und ermahnt sie: „Jetzt ermahne ich euch, guten Mutes zu sein. Denn von euch wird kein Menschenleben verloren gehen, nur das Schiff. Denn heute Nacht erschien mir ein Engel des Gottes, dem ich angehöre und diene, und sprach: Sei ohne Furcht, Paulus! Du musst vor den Kaiser treten. Gott hat dir alle deine Schiffsgenossen geschenkt“ (Apostelgeschichte 27,22–24). Der Engel, der in dem Bild von Andreas Felger nur durch seine Flügelumrisse und den hellen Spalt angedeutet ist, ist so

ein Engel, der im Traum zu uns kommt. Gerade wenn wir an uns selbst verzweifeln, wenn wir keine Hoffnung mehr für uns haben, wenn Dunkelheit uns umhüllt, dann schickt uns Gott im Traum einen Engel, der Licht in unsere Finsternis bringt, Hoffnung in unsere Verzweiflung. Nach so einem Traum wachen wir auf einmal mit einem anderen Gefühl auf. Wir spüren noch das Licht, das wir im Traum gesehen haben. Und wir wissen: Wir sind nicht allein mit unserer Depression, mit unserer Angst, mit unserer Verzweiflung. Da ist tief auf dem Grund unserer Seele ein Licht, das nicht verdunkelt werden kann. Der Engel schenkt uns die Gewissheit, dass wir mit unserem Leben nicht scheitern werden. Unser Schiff wird vielleicht zerbersten wie damals bei Paulus. Aber wir werden keinen Schaden leiden. Wir werden sicher an das rettende Ufer gelangen. Für Paulus und seine Schiffsgenossen war das Ufer noch nicht das Ziel der Reise, sie überwinterten auf der Insel Malta. Der Engel, der in die Nacht unserer Verzweiflung tritt, löst noch nicht alles in Licht auf. Manchmal leuchtet sein Licht nur so weit, dass wir überwintern können, dass wir für uns sorgen und wieder zu Kräften kommen. Aber der Engel schenkt uns die Hoffnung, dass wir einmal dort landen, wo wir für immer daheim sein dürfen.

XXIV. Engel

Der Zeuge des Morgensterns

Offenbarung 22,16

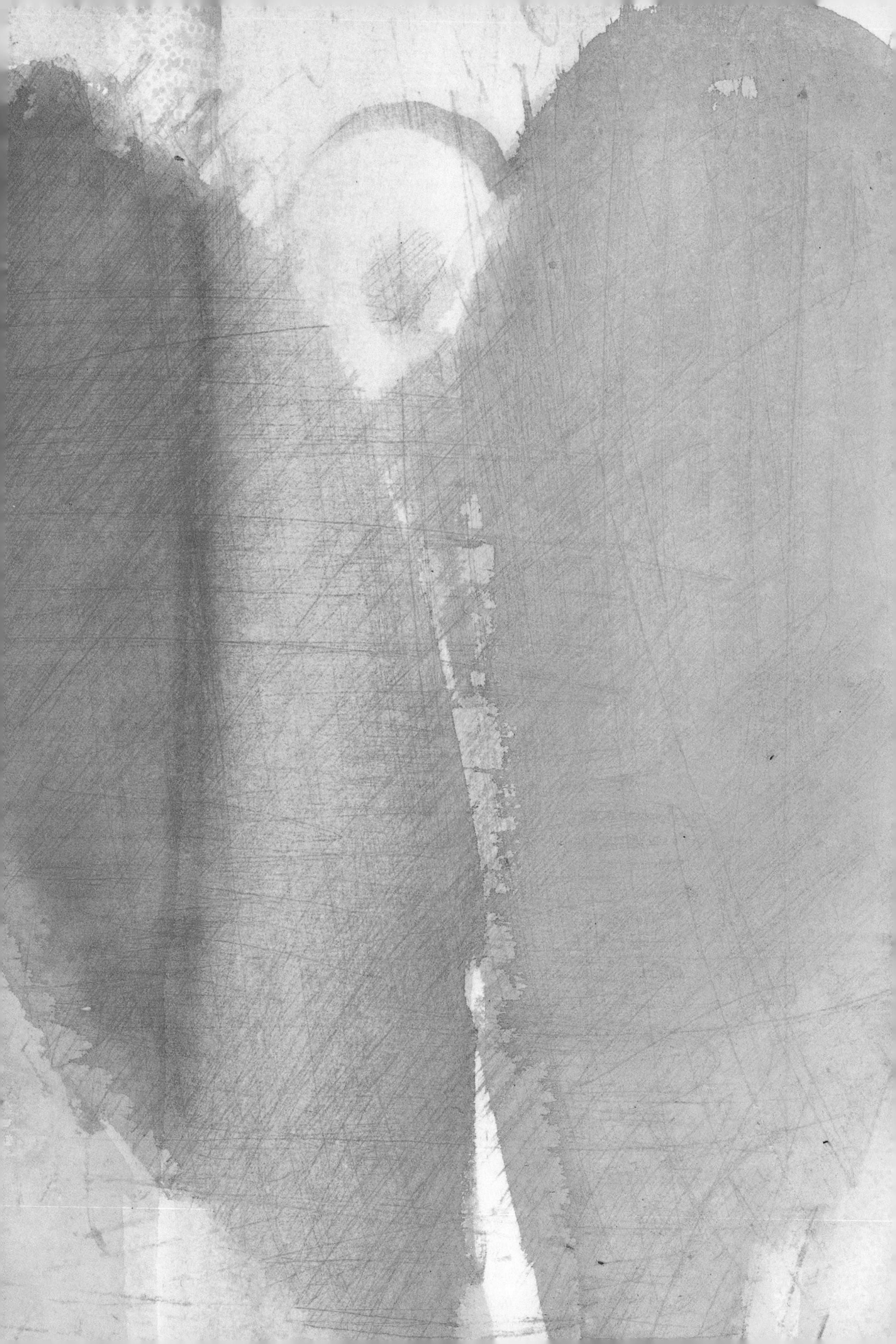

Der vierundzwanzigste Engel erstrahlt in leuchtendem Gelb. Er muss seine Flügel nicht mehr über uns breiten, um uns zu schützen. Er, der ganz Licht ist, will auch uns ins Licht führen. Er lädt uns ein, uns in sein Licht zu stellen. Es ist der Engel, der uns in der Apokalypse auf einen hohen Berg entrückt, um uns die heilige Stadt Jerusalem zu zeigen, „die aus dem Himmel von Gott herabstieg, im Besitz der Herrlichkeit Gottes“ (Offenbarung 21,10f). Der Engel ist nicht selbst das Licht, er verweist uns auf die

Herrlichkeit Gottes. Er lädt uns ein, mit ihm ins Licht zu treten. Jesus sagt von diesem Engel, dass er ihn als Zeugen gesandt hat. Er soll dafür zeugen, dass Jesus selbst „der strahlende Morgenstern“ (Offenbarung 22,16) ist. Der Engel führt uns zu Christus, dem Morgenstern, der auch in unseren Herzen aufgehen will (vgl. 2. Petrusbrief 1,19) Er spiegelt das Licht, das Christus ist, für uns wider, damit es uns nicht blendet, sondern wir in diesem Licht wandeln können.

Jesus, das wahre Licht, ermahnt uns, auf unser Auge zu achten. Das Auge ist das Licht des Körpers. Wenn sich unser Auge verdunkelt, dann wird unser ganzer Leib finster. „Siehe also zu, dass nicht das Licht in dir Finsternis ist. Wenn nun dein Leib ganz licht ist, ohne einen Teil an Finsternis zu haben, wird er ganz erleuchtet sein, wie wenn dich das Licht mit seinem Glanz erhellt" (Lukasevangelium 11,35f). Jesus spricht von der Einfalt des Auges. Das Auge soll klar und einfach sein, nicht hinterhältig, nicht zwiespältig. Es soll die Dinge sehen, wie sie sind, anstatt sie durch eine dunkle Brille zu verstellen. Der Engel des Lichtes wacht darüber, dass unser Auge sich nicht verfinstert, und er weist uns den mystischen Weg der Gottesschau. Das Ziel unseres Lebens ist, Gott, das wahre Licht, zu schauen, und indem wir Gott schauen, von seinem Licht erleuchtet zu werden. Das Thomasevangelium hat das Wort Jesu im Sinn der Mystik gedeutet: „Licht ist im Innern eines Lichtmenschen, und es erleuchtet die ganze Welt."
Unsere wahre Würde besteht darin,

Kinder des Lichtes zu sein,

Sonnensöhne und Sonnentöchter, die den Glanz Gottes in dieser Welt aufstrahlen lassen.

Der Engel ist vom Licht Gottes durchtränkt, damit er uns zu Gott führt, der reines Licht ist. Wir können Gott nicht schauen, wie er ist, sonst würden wir sterben – so sagt uns das Alte Testament. Wenn sich Gottes absolute Helligkeit in den Flügeln des Engels bricht, dann können wir es wahrnehmen, dann können wir es aushalten, ohne uns daran zu verbrennen. So ein Engel des Lichtes begegnet uns manchmal in einem Menschen, der etwas Klares ausstrahlt und das Trübe in uns klärt. Oder der Engel des Lichtes kommt zu uns in einem Wort geflogen, das uns Klarheit bringt in unserem inneren Durcheinander. Manchmal tritt der Engel des Lichtes im Traum in unsere Seele und erfüllt uns mit innerem Glanz. So ein Licht-Traum lässt uns am nächsten Morgen anders aufstehen. Da spüren wir,

dass in uns etwas **hell** geworden ist,

dunkle Schatten, die auf unserer Seele lagen, sind verschwunden. Wir fühlen uns heller, klarer, lebendiger. Wir wissen auf einmal mit innerer Gewissheit, dass Gott bei uns und in uns ist und dass wir nie allein gelassen sind mit unserer Finsternis. Der Engel des Lichtes lässt uns Gottes heilende und liebende Nähe erfahren, die uns immer und überall umgibt.

Literatur

Anselm Grün, 50 Engel für das Jahr, Verlag Herder Freiburg im Breisgau [8]2004, als Herder Spektrum Taschenbuch (4902) [26]2004
Anselm Grün, 50 Engel für die Seele, Verlag Herder Freiburg im Breisgau [5]2003, als Herder Spektrum Taschenbuch (5277) [6]2004
Anselm Grün, Jeder Mensch hat einen Engel, Verlag Herder Freiburg im Breisgau, Herder Spektrum Taschenbuch (4885) [14]2004
Ingrid Riedel, Farben. In Religion, Gesellschaft, Kunst und Psychotherapie, Kreuz Verlag Stuttgart [15]1998
Jutta Ströter-Bender, Engel. Ihre Stimme, ihr Duft, ihr Gewand und ihr Tanz, Kreuz Verlag Stuttgart [4]1994.

Bildquellen

Alle Bilder: Andreas Felger, Aquarelle ohne Titel
I. Engel: 2003, 28 x 19 cm II. Engel: 2001, 28 x 19 cm
III. Engel: 1999, 28 x 19 cm IV. Engel: 2000, 28 x 19 cm
V. Engel: 2001, 28 x 19 cm VI. Engel: 2001, 19 x 13,6 cm
VII. Engel: 2002, 28 x 19 cm VIII. Engel: 2003, 28 x 19 cm
IX. Engel: 2003, 28 x 19 cm X. Engel: 2003, 28 x 19 cm
XI. Engel: 2003, 28 x 19 cm XII. Engel: 2003, 28 x 19 cm
XIII. Engel: 2003, 28 x 19 cm XIV. Engel: 2003, 28 x 19 cm
XV. Engel: 2004, 28 x 19 cm XVI. Engel: 2004, 17,9 x 13,5 cm
XVII. Engel: 2000, 19 x 14,1 cm XVIII. Engel: 2000, 28 x 19 cm
XIX. Engel: 2000, 18,8 x 13,9 cm XX. Engel: 1997, 28 x 19 cm
XXI. Engel: 1999, 28 x 19 cm XXII. Engel: 1999, 28 x 19 cm
XXIII. Engel: 1999, 19,5 x 12,8 cm XXIV. Engel: 1999, 28 x 19 cm

Zum Geleit

Die 24 Engelbilder haben dich in das Geheimnis deines Lebens vor Gott eingeführt. Sie wollten dir die heilende und liebende Nähe Gottes erfahrbar machen. Engel treten in dein Leben durch ein Wort, durch einen Traum, durch einen Menschen und durch innere Impulse in deinem Herzen. Engel leuchten dir auch auf in Bildern. Die Bilder, die Andreas Felger gemalt und in denen er sich in das Geheimnis der Engel hinein meditiert hat, wollen dir die göttliche Nähe zeigen, die dich in allen Situationen deines Lebens umgibt. Gott ist bei dir, wenn du dich bedrängt fühlst, wenn du traurig bist und verzweifelt, wenn du dir selbst entfremdet bist und an deiner inneren Zerrissenheit leidest. Der Engel Gottes ist bei dir, wenn du eine Schwelle in einen neuen Lebensabschnitt oder in neue Möglichkeiten überschreitest. Und er wird dich über die Schwelle des Todes hinübertragen als der Auferstehungsengel, der deinem Tod den Schrecken nimmt.

So wünsche ich dir, lieber Leser, liebe Leserin,

dass sich die **Engelbilder** immer mehr in dich ein-bilden,

damit sie dir tief in deinem Innern die Gewissheit schenken: Gottes Nähe umgibt mich immer und überall. Und je mehr die heilenden Bilder göttlicher Nähe in meinen Geist, ja in mein Unbewusstes eindringen, desto mehr kann ich glauben: Gott lässt mich nicht allein. Er sendet seinen Engel in alle Stationen meines Lebens. Und er lässt das Licht der Engel in alle Abgründe meiner Seele dringen, damit alles in mir von Gottes heilender Liebe erfüllt wird.

Andreas Felger

1935 in Belsen am Fuß der Schwäbischen Alb geboren. Lehre als Musterzeichner.
1954 bis 1959 Studium an der Kunstakademie München.
1959 Beginn der selbstständigen Tätigkeit, zunächst als Designer, dann als Maler.
Aus einer sinnstiftenden Gotteserfahrung entwickelt sich sein weiteres Schaffen.
Studienreisen in südliche Länder; mehrere Arbeitsaufenthalte in Israel.
Farbholzschnitte, Aquarelle, Ölmalerei, Skulpturen: Einzelwerke und Zyklen.
Architekturgebundene Arbeiten: Holzreliefs, Glasmalerei, Bildweberei.
Resonanz auf Landschaften, Blumen und menschliche Grunderfahrungen.
Auseinandersetzung mit geschichtlichen Entwicklungen, Gedanken der Bibel
und mit dem Phänomen der Zeit. Inspiration durch literarische Texte und
musikalische Kompositionen des zwanzigsten Jahrhunderts.
Kunstbände, Mappen, bibliophile Editionen. Vertreten in öffentlichen Einrichtungen
und Sammlungen. Ausstellungen im In- und Ausland.
Andreas Felger lebt in der Jesus-Bruderschaft, Kommunität Gnadenthal (Hünfelden-Gnadenthal).

Foto: Oliver Kohler

Anselm Grün

1945 in Junkershausen in der Rhön geboren.
1964 Abitur am Gymnasium in Würzburg und Eintritt ins Noviziat
bei den Benediktinern in Münsterschwarzach.
1965 bis 1971 Studium der Theologie in St. Ottilien und in Rom.
1974 Promotion zum Doktor der Theologie mit einer Arbeit über Karl Rahner.
1974 bis 1976 Studium der Betriebswirtschaft in Nürnberg.
1977 bis heute Verwalter des Klosters Münsterschwarzach.
Spiritueller Begleiter und Kursleiter für Meditation, tiefenpsychologische Traumdeutung,
Fasten und Kontemplation. Vorträge und zahlreiche Veröffentlichungen in hohen Auflagen.